KB007948

책이 예쁘다고 너무 곱게 다루진 마세요.
마르고 닳도록 써 보고 말해 보세요.

# 초등영어
# 문장만들기가
# 먼저다

*이 책은 기출간된 〈영어연산훈련〉과 중복된 내용의 초등영어 버전입니다.

# 초등영어 문장만들기가 먼저다 3

**지은이** 박광희 · 캐나다 교사 영낭훈 연구팀 지음
**초판 1쇄 발행** 2019년 1월 14일
**초판 2쇄 발행** 2023년 7월 11일

**발행인** 박효상   **편집장** 김현   **기획 · 편집** 장경희, 김효정   **디자인** 임정현
**디자인 · 조판** the page 박성미   **삽화** 이소라
**마케팅** 이태호, 이전희   **관리** 김태옥

**종이** 월드페이퍼   **인쇄 · 제본** 예림인쇄 · 바인딩

**출판등록** 제10-1835호   **발행처** 사람in   **주소** 04034 서울시 마포구 양화로 11길 14-10 (서교동) 3F
**전화** 02) 338-3555(代)   **팩스** 02) 338-3545   **E-mail** saramin@netsgo.com
**Website** www.saramin.com

책값은 뒤표지에 있습니다.
파본은 바꾸어 드립니다.

ⓒ 박광희 2019

ISBN
978-89-6049-723-8  64740
978-89-6049-721-4  (세트)

**우아한 지적만보, 기민한 실사구시  사람in**

3. 심화 동사로 문장 만들기

# 초등영어
# 문장만들기가
# 먼저다

# 본격 문법 공부 전에
## 문장 만들기 훈련이
## 먼저다!

### : 수학에는 연산 훈련이 있다!

왜 미국과 캐나다 사람들은 간단한 암산을 할 때도 계산기를 쓸까요? 머리가 나빠서 계산기 없이는 셈을 못하는 것일까요? 그 이유는 바로, 북미에서는 수학 연산 훈련을 가르치지 않기 때문입니다. 결코 거기 사람들이 머리가 나쁘거나 계산 능력이 떨어져서가 아니에요. 그래서 우리는 암산 능력을 키워 주신 선생님과 부모님께 감사해야 해요. 꾸준히 수학 연산 훈련을 시켜 주신 덕분에 북미 사람들보다 더 빠르고 정확하게 계산할 줄 알게 된 것이니까요.

### : 영어에는 문장 만들기 훈련이 필요하다!

수학은 빠르게 암산을 할 수 있도록 꾸준히 연산 훈련을 해왔어요. 하지만 영어는 문법과 단어를 외워서 문제만 풀었지 암산처럼 입에서 자동으로 나오게 하는 훈련을 안 했어요. 기본 문법 내용이 머리에서 맴돌고 금방 입으로 나오지 않는 건 능력이 없어서가 아니라 훈련이 부족했기 때문이에요.

이것은 실험으로도 증명돼요. Bobrow & Bower가 한 실험인데요, 한 집단에게는 이미 만들어진 문장을 외우게 했고, 다른 한 집단에게는 주어와 목적어를 주고 문장을 스스로 만들도록 했어요. 그 결과 주어진 문장을 암기한 집단은 29%가 문장을 다시 생각해 낸 반면, 주어와 목적어를 가지고 직접 문장을 만든 집단은 58%가 다시 그 문장을 기억해 냈어요. 외운 것은 금방 까먹지만 스스로 만든 것은 훨씬 기억에 오래 남는다는 거지요.

## : 영어 문장 만들기 훈련의 5가지 규칙

캐나다에 7년 이상 살면서도 영어를 두려워하던 제 아내 이야기를 해볼게요. 한국에서 영어를 공부한 누구나가 그러하듯 아내 역시 영어가 머리에 둥둥 떠다니고 입으로 나오는 데는 한참이 걸렸어요. 말하는 사람도 답답하고 듣는 사람도 지치고……. 자신감도 점점 잃었지요. 그래서 저는 기본 문법의 문장 적용 능력을 키우기 위한 다섯 가지 규칙을 생각해 냈어요.

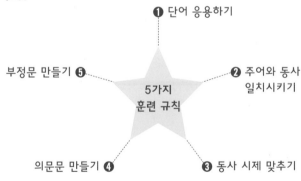

❶ 단어 응용하기

부정문 만들기 ❺

5가지
훈련 규칙

❷ 주어와 동사
일치시키기

의문문 만들기 ❹

❸ 동사 시제 맞추기

주어진 문장을 이 다섯 가지 규칙을 활용해 만들어 보는 것이 훈련의 가장 큰 핵심입니다. 이 다섯 가지 규칙을 활용해 꾸준히 영어 문장 만들기 훈련을 하면 암산하는 것처럼 빠르게 문장으로 말할 수 있어요. 그렇게 문장을 만들 줄 안다면 언제든 그 문장은 입으로 '툭'하고 나올 거예요.

## : 영어로 입이 트이려는 학생들에게 효과 만점

어학원을 운영하면서 저는 이 다섯 가지 규칙의 훈련의 효과를 더욱 믿게 되었어요. 제가 영어를 사용할 기회가 없는 한국인들에게 권하는 게 낭독과 암송이에요. 영어 문장을 내 몸에 체화시켜 스피킹이 폭발적으로 터지게 하는 학습법이지요. 영어를 사용할 기회가 없는 한국적 상황에 참 좋은 방법이에요.

그런데 기초가 없는 학생들에게는 이 낭독과 암송이 쉽지 않았어요. 문장을 통해 자연스럽게 어순을 익혀 응용하기까지 생각보다 많은 시간이 걸리는 것이었어요. 그래서 저는 앞서 말한 다섯 가지 규칙으로 먼저 문장을 만들고 말하기 훈련을 시켜 보았고 결과는 성공! 여기에 낭독과 암송이 받쳐 주니 말문이 터지기 시작하더라고요.

## : 문장 말하기 훈련 = 영어 두뇌로의 변화

영어는 우리말과 어순이 달라요. 그래서 참 배우기가 더 어렵죠. 그래서 이걸 해결하려고 문법부터 열심히 공부하죠. 그래서 어려운 용어를 뜻도 모른 채 외우고요. 하지만, 영어를 비롯한 모든 언어는 먼저 문장을 만들 수 있게 훈련을 한 다음 문법을 해야 해요. 물론 문장을 만들 수 있게 하는 기본 문법 정도는 선별해서 헤야 히고요. 기본 회화 문장이 척척 나올 수 있게 훈련을 하고 나서 문법을 하게 되면 그 어렵던 문법이 전혀 어렵게 느껴지지 않아요.

## : 영어 말문이 터지는 『초등 영어 문장만들기가 먼저다』

그런데 이렇게 훈련시킬 수 있는 교재를 찾기가 힘들었어요. 그래서 캐나다의 현지 교사들과 팀을 이루어 총 7권의 시리즈로 목차와 구성을 짜고 기획 의도에 알맞은 영어 문장을 선별하는 작업을 했어요. 말하기에 유용한 기본 문법을 익혀 실생활에서 직관적 문장으로 말할 수 있게 한 혁신적인 영어 학습 과정, 『초등영어 문장만들기가 먼저다』는 그렇게 탄생했어요.

## : 문장 만들기를 더 재미있게 할 수 있는 TIP!

구글홈이 있다면 혹은 스마트폰에서 구글 어시스턴트 앱을 다운받으면 더 재미있게 영어를 활용할 수 있습니다. 스마트폰의 경우 앱을 다운받아 스마트폰의 설정에서 언어를 영어와 한국어 이렇게 두 개로 지정해 놓으세요. 그리고 OK Google 이렇게 부른 다음 Repeat after me 라고 말하고 여러분이 직접 만든 문장을 말해 보세요. 그럼 구글홈 스피커나 구글 어시스턴트가 여러분이 말한 문장을 따라 말할 거예요. 또, OK Google 이렇게 부른 다음 여러분이 만든 문장을 말하고 구글이 하는 말을 들어보세요. 이렇게 말을 걸고 대답을 듣는 과정에서 영어 실력이 몰라보게 늘어날 거예요.

캐나다에서 '꿈둥이' 박광희

# 이 책의 순서

# 이 책의 활용

이 책에는 영어 문장 만들기 훈련에 적합한 기본 문법을 담은 120개의 대표 문장이 실려 있습니다. 캐나다 현지 교사들이 초보 학습자가 기본 개념을 이해하고 말하기로 이어지게 고안한 문장들입니다. 이 120문장을 다섯 가지 훈련 규칙에 따라 나만의 문장으로 만드는 연습을 해 보세요. 이 문장 만들기 규칙에 따라 스스로 문장을 만드는 과정을 통해 자연스럽게 문법과 영어의 문장 구조가 체화됩니다.
기본 문법을 활용하여 바로 바로 말하는 것을 목표로 훈련을 시작해 보세요!

## 눈으로 암기하는 문법 개념
영어 문장 만들기 훈련을 하기 위해 필요한 문법 개념을 알아봅니다. 문법은 단어를 어떻게 배열할 지에 대한 가이드로 문장의 의미는 단어 배열에 따라 달라집니다. 예문을 여러 번 따라 읽으며 정확한 단어의 순서를 익히세요.

## 손으로 체화하는 훈련
앞서 배운 문법을 활용해 회화로 이어지는 문장을 만들어 봅니다. 먼저, 손으로 쓰면서 문장을 완성하세요. 다섯 가지 훈련 규칙에 따라 스스로 문장을 만드는 꾸준한 연습이 문법을 체화시켜 줍니다. 그 다음에, 각 문장을 5번씩 낭독하기(음원을 따라 읽기)와 암송하기(외워 말하기)를 하며 입으로도 훈련해 봅니다. 실전 말하기에서 바로 바로 나올 수 있도록 충분히 훈련하세요.

## 입으로 확인하는 문장 만들기
그림을 보고 그동안 배운 대표 문장을 입으로 만들어 봅니다.
말하기 전에 문법을 머리로 생각하는 과정을 생략할 수 있을 때까지 연습하세요. 꾸준한 문장 만들기 훈련으로 기본 문법을 활용한 말하기 문장이 문법이 문장으로 한방에 나올 수 있어야 비로소 훈련을 마칠 수 있습니다.

정답 및 MP3 파일은
www.saramin.com에서
다운로드 받으실 수 있습니다.

# 영어!
# 공부법이 알고 싶다

**①** 영어는 공부가 아닌 훈련을 해야 한다.

지식에는 두 가지 종류가 있습니다. 배움을 통해 얻어지는 **명시적 지식**과 익힘을 통해 알게 되는 **암묵적 지식**이 있습니다. 명시적 지식은 수학이나 과학 같이 사실을 암기하거나 논리적 추론으로 이해하는 지식으로 머리를 사용해 배웁니다. 한편, 암묵적 지식은 운동이나 악기처럼 반복적인 훈련을 통해 몸으로 체득하는 지식입니다.

그럼 영어는 명시적 지식에 속할까요? 암묵적 지식에 속할까요?

그동안 우리는 문법과 단어를 외우고 또 외우면서 영어를 암기했습니다. 하지만 놀랍게도 뇌 과학자들은 영어가 암묵적 지식이라고 말합니다. 뇌 영상 연구를 보면 암묵적 지식과 명시적 지식은 뇌의 다른 부분을 사용한다고 합니다. 수학을 공부할 때는 뇌의 다양한 부위를 사용하여 논리적인 추론을 하지만, 언어를 사용할 때의 뇌는 특정 부위만을 사용하는 것입니다.

**②** '영어 낭독 훈련'과
'영어 암송 훈련'이 답이다.

우리가 문법을 아무리 완벽하게 암기하고 단어를 많이 알아도, 영어를 틀린 방법으로 공부했기 때문에 지금까지 영어로 말하기 힘들었던 것입니다.

아기들이 한국어를 배우는 과정을 살펴볼까요? 옹알이로 시작해 돌 무렵이면 주위 사람들이 하는 말을 듣고 계속 따라 하다가 말문이 트이면 자유자재로 말하게 됩니다. 여기서 중요한 건 듣고 또 듣고 따라 한다는 거죠.

영어도 이처럼 자연스럽게 체화하면 제일 좋겠지만 그러기에 불가능한 환경입니다. 그래서 영어 노출이 거의 없는 한국의 상황에서 **'영어 낭독 훈련'**과 **'영어 암송 훈련'**은 영어를 자유자재로 구사할 수 있게 해주는 비법입니다. 녹음된 외국인의 음성을 듣고 따라 밀하는 훈련을 통해 발음과 억양, 리듬감을 정확하게 익히게 됩니다. 영어 문장이 내 몸처럼 익숙해질 때까지 입으로 암송하면 우리가 국어 문법을 배우지 않아도 문법에 맞는 한국어를 할 수 있는 것처럼 영어도 말할 수 있게 됩니다.

### ③ '영어 낭독 훈련'과 '영어 암송 훈련'에 '영어 문장 만들기 훈련'을 더하라.

'영어 낭독 훈련'과 '영어 암송 훈련'도 단점이 있습니다. 기본기가 없거나 언어 감각이 부족한 학생들은 내 몸이 기억해서 어느 순간 폭발적으로 스피킹이 터지기까지 너무 많은 시간이 걸립니다.

그때 문법이라는 가이드가 영어를 좀 더 쉽게 체화할 수 있도록 도와줄 수 있습니다. 문법을 알고 암송을 하면 문장을 받아들이는 속도가 빨라집니다. 수영법을 모르고 물에 들어가면 허우적대지만, 수영법을 배우고 물에 들어가면 빨리 뜰 수 있습니다. 이론을 배우면 실전에서 능률이 오르기 마련이지요.

하지만 시중의 영어 문법서들은 대부분 독해와 시험을 위한 문법서입니다. 문법 용어와 설명만 파고드는 건 의사소통을 위한 언어 훈련법으로 맞지 않습니다. 그래서 우리는 **기본 문법을 영어 문장을 만들고 말하기로 이어지게 하는 훈련서를** 개발했습니다. '수학 4칙 연산 훈련'이 셈을 빠르게 해주는 것처럼 『초등영어 문장 만들기가 먼저다』는 문법을 직관적으로 문장에 적용하고 곧바로 말로 나오게 훈련시켜 줍니다.

**일치, 시간, 의문, 부정, 응용의 '영어 5가지 훈련 규칙'**은 모든 영어 문장에 들어 있는 기본 뼈대입니다. 다섯 가지 법칙을 적용하여 쓰고 말하는 훈련을 꾸준히 한다면, 몸이 문법을 기억하는 동시에 문법 응용 능력이 생겨 스스로 문장을 만들 수 있게 될 것입니다.

『초등영어 문장만들기가 먼저다』로 '머릿속에 머물던 문법'이 문장이 되어 입으로 나오게 해보세요.

# 본격적인 영어 문장
# 만들기 훈련을
# 하기 전에 ...

- 움직임(動)이나 상태를 나타내는 말(詞)이에요.
- 문장의 핵심이에요.
- 인칭, 수, 시제를 나타내요.

  I **am** Judy Kim. 나는 주디 킴이다.

  → 1인칭, 단수, 현재 시제
- 뒤에 무엇이 올지 결정해요.

  He **kept** me waiting. 그가 나를 기다리게 했다.

  → 타동사로 목적어 필요

- 이름(名)을 나타내는 말(詞)이에요.
- 셀 수 있는 명사와 셀 수 없는 명사로 나눌 수 있어요.

  ① 셀 수 있는 명사

  · 두루 쓰이는 일반적인 것의 이름 car, socks, shoes

  · 모임·집단의 이름 family, class, police

  ② 셀 수 없는 명사

  · 특정한 사람이나 사물의 이름 Sumi, the Han River

  · 정해진 모양이 없는 것의 이름 sugar, salt, juice

  · 눈에 보이지 않는 추상적인 것의 이름 love, friendship

- 명사(名)를 대신(代)하는 말(詞)이에요.

  Sumi is my friend. **She** is smart. 수미는 내 친구다. 그녀는 똑똑하다.

- 모양(形)이나 모습(容)을 나타내는 말(詞)이에요.
- 명사를 꾸미거나 술어에 의미를 더해요.

She has a **red** car. 그녀는 빨간 자동차가 있다.
I am **happy**. 나는 행복하다.

**5 부사**

- 옆에서 도와(副)주는 말(詞)이에요.
- 동사, 형용사, 다른 부사, 문장 전체를 꾸며요.
  I am **very** happy. 나는 정말 행복하다.

**6 전치사**

- 앞(前)에 두는(置) 말(詞)이에요.
- 명사나 대명사 앞에서 방향, 시간, 장소, 상태를 나타내요.
  A bird is **on** my arm. 새가 내 팔 위에 있다.

**7 접속사**

- 서로 맞대어 이어주는(接續) 말(詞)이에요.
- 단어와 단어, 문장과 문장을 연결해요.
  Kevin **and** I are friends. 케빈과 나는 친구이다.

---

**문장을 구성하는 요소를 알아봅시다.**

| 주어 | 문장의 주체가 되는 말로 문장 필수 요소 | ⋯ 명사, 대명사 |
| 술어 | 주어에 대해 서술하는 말로 문장 필수 요소 | ⋯ 동사 |
| 목적어 | 술어의 목적이 되는 말 | ⋯ 명사, 대명사 등 |
| 보어 | 동사를 보충하는 말 | ⋯ 명사, 대명사, 형용사 등 |
| 수식어 | 주어, 동사, 목적어, 보어를 꾸며 주는 말 | ⋯ 형용사나 부사에 속하는 말 |

He can play the piano very well. 그는 피아노를 매우 잘 칠 수 있다.
주어   술어    목적어    수식어

# 이 책의
# 학습 진도표

표준 학습 진도표 하루에 한 과씩 학습하고 리뷰로 복습하세요.

| 날짜 | 월 일 | 월 일 | 월 일 | 월 일 | 월 일 | 월 일 |
|---|---|---|---|---|---|---|
| 진도 | Unit 01<br>see | Unit 02<br>hear | Unit 03<br>touch | Unit 04<br>taste | Unit 05<br>smell | Review<br>001-030 |
| 자기<br>평가 | ☆ ☆ ☆ ☆ ☆ | ☆ ☆ ☆ ☆ ☆ | ☆ ☆ ☆ ☆ ☆ | ☆ ☆ ☆ ☆ ☆ | ☆ ☆ ☆ ☆ ☆ | ☆ ☆ ☆ ☆ ☆ |
| 날짜 | 월 일 | 월 일 | 월 일 | 월 일 | 월 일 | 월 일 |
| 진도 | Unit 06<br>take | Unit 07<br>go | Unit 08<br>say · tell | Unit 09<br>know | Unit 10<br>put · bring | Review<br>031-060 |
| 자기<br>평가 | ☆ ☆ ☆ ☆ ☆ | ☆ ☆ ☆ ☆ ☆ | ☆ ☆ ☆ ☆ ☆ | ☆ ☆ ☆ ☆ ☆ | ☆ ☆ ☆ ☆ ☆ | ☆ ☆ ☆ ☆ ☆ |
| 날짜 | 월 일 | 월 일 | 월 일 | 월 일 | 월 일 | 월 일 |
| 진도 | Unit 11<br>look | Unit 12<br>like | Unit 13<br>keep · hold | Unit 14<br>give | Unit 15<br>help | Review<br>061-090 |
| 자기<br>평가 | ☆ ☆ ☆ ☆ ☆ | ☆ ☆ ☆ ☆ ☆ | ☆ ☆ ☆ ☆ ☆ | ☆ ☆ ☆ ☆ ☆ | ☆ ☆ ☆ ☆ ☆ | ☆ ☆ ☆ ☆ ☆ |
| 날짜 | 월 일 | 월 일 | 월 일 | 월 일 | 월 일 | 월 일 |
| 진도 | Unit 16<br>wail | Unit 17<br>try | Unit 18<br>listen | Unit 19<br>belong | Unit 20<br>agree | Review<br>091-120 |
| 자기<br>평가 | ☆ ☆ ☆ ☆ ☆ | ☆ ☆ ☆ ☆ ☆ | ☆ ☆ ☆ ☆ ☆ | ☆ ☆ ☆ ☆ ☆ | ☆ ☆ ☆ ☆ ☆ | ☆ ☆ ☆ ☆ ☆ |

📖 나의 학습 진도표  하루에 공부할 분량을 스스로 정하고, 목표를 꼭 지키세요.

| 날짜 | 월 일 | 월 일 | 월 일 | 월 일 | 월 일 |
|---|---|---|---|---|---|
| 진도 | | | | | |
| 자기 평가 | ☆ ☆ ☆ ☆ ☆ | ☆ ☆ ☆ ☆ ☆ | ☆ ☆ ☆ ☆ ☆ | ☆ ☆ ☆ ☆ ☆ | ☆ ☆ ☆ ☆ ☆ |
| 날짜 | 월 일 | 월 일 | 월 일 | 월 일 | 월 일 |
| 진도 | | | | | |
| 자기 평가 | ☆ ☆ ☆ ☆ ☆ | ☆ ☆ ☆ ☆ ☆ | ☆ ☆ ☆ ☆ ☆ | ☆ ☆ ☆ ☆ ☆ | ☆ ☆ ☆ ☆ ☆ |
| 날짜 | 월 일 | 월 일 | 월 일 | 월 일 | 월 일 |
| 진도 | | | | | |
| 자기 평가 | ☆ ☆ ☆ ☆ ☆ | ☆ ☆ ☆ ☆ ☆ | ☆ ☆ ☆ ☆ ☆ | ☆ ☆ ☆ ☆ ☆ | ☆ ☆ ☆ ☆ ☆ |
| 날짜 | 월 일 | 월 일 | 월 일 | 월 일 | 월 일 |
| 진도 | | | | | |
| 자기 평가 | ☆ ☆ ☆ ☆ ☆ | ☆ ☆ ☆ ☆ ☆ | ☆ ☆ ☆ ☆ ☆ | ☆ ☆ ☆ ☆ ☆ | ☆ ☆ ☆ ☆ ☆ |
| 날짜 | 월 일 | 월 일 | 월 일 | 월 일 | 월 일 |
| 진도 | | | | | |
| 자기 평가 | ☆ ☆ ☆ ☆ ☆ | ☆ ☆ ☆ ☆ ☆ | ☆ ☆ ☆ ☆ ☆ | ☆ ☆ ☆ ☆ ☆ | ☆ ☆ ☆ ☆ ☆ |

# Tell me, and I'll forget. Teach me, and I may remember. Involve me, and I learn.

- Benjamin Franklin

말해 주면 잊어버려요.
보여주면 기억할 수도 있겠죠.
내기 하면 깨달아요.

Benjamin Franklin 벤자민 프랭클린1706~1790
출판업자이자 정치가, 과학자, 미국 건국의 아버지로 100달러 지폐에 초상화가 새겨져 있다.

certainly I can!

| 시작 | | 월 | | 일 | | : | |
| 마침 | | 월 | | 일 | | : | |

## see – 과거 *saw* – 과거분사 *seen*

☆ (눈으로) 보다, (보고) 알다, 목격하다

*I **see** my pictures.* 내 사진을 보고 있다.

*I'm seeing my pictures.* (❌ 진행형으로 쓰지 않음)

*She **saw** the baby sleeping.* 그녀는 아기가 잠자는 것을 봤다.

☆ (경기·방송·공연 등을) 보다[구경하다]

*We have **seen** the final match.* 우리는 결승전을 보았다.

☆ (사람·동물을 우연히) 보다, 만나다

*We **saw** a cat on the way home.* 우리는 집으로 가는 길에 고양이를 봤다.

☆ (논의·상담을 위해) 만나다

*You have to **see** a doctor.* 너는 진찰을 받아야 한다.

☆ 알다, 이해하다

*My dad didn't **see** my joke.* 우리 아빠는 내 농담을 이해 못하셨다.

Tip see가 '보다'라는 뜻으로 쓰일 때는 진행형으로 잘 쓰지 않아요.

★ 우리말 뜻을 참고하여 영어로 표현하세요.

***She sees*** a rainbow.
그녀는 무지개를 본다.

***Does she see*** a rainbow?
그녀는 무지개를 보니?

**시간** ❶ 그녀는 무지개를 보았다. 과거

❷ 그녀는 무지개를 볼 것이다. 미래(be going to)

❸ 그녀는 무지개를 본 적이 있다. 현재완료

❹ 그녀는 무지개를 볼 것이다. 미래(will)

**의문** ❺ 그녀는 무지개를 보았니? 과거

❻ 그녀는 무지개를 본 적이 있니? 현재완료

❼ 그녀는 무지개를 볼 것이니? 미래(be going to)

❽ 그녀는 무지개를 볼 것이니? 미래(will)

★ 우리말 뜻을 참고하여 영어로 표현하세요.

***She saw*** a rainbow from a window.
그녀는 창문으로 무지개를 보았다.

***Did she see*** a rainbow from
a window?
그녀는 창문으로 무지개를 보았니?

☑ from a window 창문에서, 창문으로

**일치** ❶ 그들은 창문으로 무지개를 보았다. They

❷ 에밀리는 창문으로 무지개를 보았다. Emily

❸ 에밀리와 그녀의 여동생은 창문으로 무지개를 보았다. Emily and her sister

❹ 그는 창문으로 무지개를 보았다. He

**의문** ❺ 에밀리는 창문으로 무지개를 보았니? Emily

❻ 에밀리와 그녀의 여동생은 창문으로 무지개를 보았니? Emily and her sister

❼ 그들은 창문으로 무지개를 보았니? they

❽ 그는 창문으로 무지개를 보았니? he

★ 우리말 뜻을 참고하여 영어로 표현하세요.

# I saw her wearing a new *jacket.*
나는 그녀가 새 재킷을 입고 있는 것을 보았다.

# I didn't see her wearing a new *jacket.*
나는 그녀가 새 재킷을 입고 있는 것을 못 보았다.

**응용** ❶ 나는 그녀가 새 블라우스를 입고 있는 것을 보았다. blouse

❷ 나는 그녀가 새 모자를 쓰고 있는 것을 보았다. hat

❸ 나는 그녀가 새 티셔츠를 입고 있는 것을 보았다. T-shirt

❹ 나는 그녀가 새 스웨터를 입고 있는 것을 보았다. sweater

**부정** ❺ 나는 그녀가 새 티셔츠를 입고 있는 것을 못 보았다. T-shirt

❻ 나는 그녀가 새 스웨터를 입고 있는 것을 못 보았다. sweater

❼ 나는 그녀가 새 모자를 쓰고 있는 것을 못 보았다. hat

❽ 나는 그녀가 새 블라우스를 입고 있는 것을 못 보았다. blouse

★ 우리말 뜻을 참고하여 영어로 표현하세요.

# Kevin saw the new movie *yesterday.*
케빈은 어제 새로 나온 영화를 보았다.

# Did Kevin see the new movie *yesterday?*
케빈은 어제 새로 나온 영화를 보았니?

**응용** ❶ 케빈은 어젯밤에 새로 나온 영화를 보았다. last night

❷ 케빈은 지난 주말에 새로 나온 영화를 보았다. last weekend

❸ 케빈은 이틀 전에 새로 나온 영화를 보았다. two days ago

❹ 케빈은 일주일 전에 새로 나온 영화를 보았다. a week ago

**의문** ❺ 케빈은 지난 주말에 새로 나온 영화를 보았니? last weekend

❻ 케빈은 이틀 전에 새로 나온 영화를 보았니? two days ago

❼ 케빈은 어젯밤에 새로 나온 영화를 보았니? last night

❽ 케빈은 일주일 전에 새로 나온 영화를 보았니? a week ago

*She saw* her boyfriend.

그녀는 그녀의 남자친구를 만났다.

*Did she see* her boyfriend?

그녀는 그녀의 남자친구를 만났니?

☑ see가 '만나다'라는 뜻으로 쓰일 때는 진행형을 쓸 수 있어요.

**시간** ❶ 그녀는 그녀의 남자친구를 만난다. 현재

❷ 그녀는 그녀의 남자친구를 만날 것이다. 미래(will)

❸ 그녀는 그녀의 남자친구를 만났었다. 현재완료

❹ 그녀는 그녀의 남자친구를 만나고 있다. 현재진행

**의문** ❺ 그녀는 그녀의 남자친구를 만날 거니? 미래(will)

❻ 그녀는 그녀의 남자친구를 만났었니? 현재완료

❼ 그녀는 그녀의 남자친구를 만나니? 현재

❽ 그녀는 그녀의 남자친구를 만나고 있니? 현재진행

★ 우리말 뜻을 참고하여 영어로 표현하세요.

# *I see* your point.
나는 네가 뭘 말하려는지 안다.

# *I don't see* your point.
나는 네가 뭘 말하려는지 모른다.

☑ point 요지, 말하고 싶은 내용

일치 ❶ 그녀는 네가 뭘 말하려는지 안다. She

❷ 그는 네가 뭘 말하려는지 안다. He

❸ 우리는 네가 뭘 말하려는지 안다. We

❹ 그들은 네가 뭘 말하려는지 안다. They

부정 ❺ 우리는 네가 뭘 말하려는지 모른다. We

❻ 그는 네가 뭘 말하려는지 모른다. He

❼ 그들은 네가 뭘 말하려는지 모른다. They

❽ 그녀는 네가 뭘 말하려는지 모른다. She

# Review

## 001-006 그림을 보고 영어로 말해 보세요.

001

002

003

004

005

006

# hear

Certainly I can!

**시작**  월    일    :

**마침**  월    일    :

## hear - 과거 *heard* - 과거분사 *heard*

☆ 듣다, (저절로 …이) 들리다

*She* **heard** *footsteps.* 그녀는 발소리를 들었다.

*She is hearing footsteps.* (✗ 진행형으로 쓰지 않음)

☆ (누가) …하는 것을 듣다

*I* **heard** *her play the piano.* 나는 그녀가 피아노를 치는 걸 들었다.
        (동사원형)

*I* **heard** *Jack singing.* 나는 잭이 노래하고 있는 걸 들었다.
        (현재분사)

★ 우리말 뜻을 참고하여 영어로 표현하세요.

# She heard *a noise.*
그녀는 무슨 소리를 들었다.

# Did she hear *a noise?*
그녀는 무슨 소리를 들었니?

**응용** ❶ 그녀는 누군가의 목소리를 들었다. a voice

❷ 그녀는 소문을 들었다. a rumor

❸ 그녀는 발자국 소리를 들었다. footsteps

❹ 그녀는 비명 소리를 들었다. a scream

**의문** ❺ 그녀는 발자국 소리를 들었니? footsteps

❻ 그녀는 비명 소리를 들었니? a scream

❼ 그녀는 누군가의 목소리를 들었니? a voice

❽ 그녀는 소문을 들었니? a rumor

★ 우리말 뜻을 참고하여 영어로 표현하세요.

## I heard a strange noise *from the kitchen.*

부엌에서 이상한 소리가 들렸다.

## I didn't hear a strange noise *from the kitchen.*

부엌에서 이상한 소리가 들리지 않았다.

**응용** ❶ 아래층에서 이상한 소리가 들렸다. downstairs

❷ 지하실에서 이상한 소리가 들렸다. from the basement

❸ 침실에서 이상한 소리가 들렸다. from the bedroom

❹ 위층에서 이상한 소리가 들렸다. upstairs

**부정** ❺ 위층에서 이상한 소리가 들리지 않았다. upstairs

❻ 아래층에서 이상한 소리가 들리지 않았다. downstairs

❼ 지하실에서 이상한 소리가 들리지 않았다. from the basement

❽ 침실에서 이상한 소리가 들리지 않았다. from the bedroom

★ 우리말 뜻을 참고하여 영어로 표현하세요.

*We are going to* hear the new CD.
우리는 새 씨디를 들을 것이다.

*We are not going to* hear the new CD.
우리는 새 씨디를 듣지 않을 것이다.

**일치** ❶ 그는 새 씨디를 들을 것이다. He

❷ 그들은 새 씨디를 들을 것이다. They

❸ 에밀리는 새 씨디를 들을 것이다. Emily

❹ 나는 새 씨디를 들을 것이다. I

**부정** ❺ 에밀리는 새 씨디를 듣지 않을 것이다. Emily

❻ 그들은 새 씨디를 듣지 않을 것이다. They

❼ 나는 새 씨디를 듣지 않을 것이다. I

❽ 그는 새 씨디를 듣지 않을 것이다. He

★ 우리말 뜻을 참고하여 영어로 표현하세요.

### *Steve heard* an airplane outside.
스티브는 밖에서 비행기 소리를 들었다.

### *Did Steve hear* an airplane outside?
스티브는 밖에서 비행기 소리를 들었니?

**일치** ❶ 그녀는 밖에서 비행기 소리를 들었다. She

❷ 그의 엄마는 밖에서 비행기 소리를 들었다. His mom

❸ 그는 밖에서 비행기 소리를 들었다. He

❹ 그들은 밖에서 비행기 소리를 들었다. They

**의문** ❺ 그들은 밖에서 비행기 소리를 들었니? they

❻ 그의 엄마는 밖에서 비행기 소리를 들었니? his mom

❼ 그는 밖에서 비행기 소리를 들었니? he

❽ 그녀는 밖에서 비행기 소리를 들었니? she

★ 우리말 뜻을 참고하여 영어로 표현하세요.

# I heard him *come in.*
나는 그가 들어오는 소리를 들었다.

# I didn't hear him *come in.*
나는 그가 들어오는 소리를 듣지 못했다.

☑ 「hear+사람+동사원형」은 '누가 …하는 것을 듣다'라는 뜻이에요.

**응용** ❶ 나는 그가 노래 부르는 걸 들었다. sing

❷ 나는 그가 연주하는 걸 들었다. play

❸ 나는 그가 우는 소리를 들었다. cry

❹ 나는 그가 소리 지르는 걸 들었다. shout

**부정** ❺ 나는 그가 소리 지르는 걸 듣지 못했다. shout

❻ 나는 그가 노래 부르는 걸 듣지 못했다. sing

❼ 나는 그가 우는 소리를 듣지 못했다. cry

❽ 나는 그가 연주하는 걸 듣지 못했다. play

★ 우리말 뜻을 참고하여 영어로 표현하세요.

## *You heard* the bell ring.
너는 종소리를 들었다.

## *Did you hear* the bell ring?
너는 종소리를 들었니?

☑ 「hear+물건+동사원형」은 '…의 소리를 듣다'라는 뜻이에요. • ring (종이) 울리다

**일치** ❶ 그녀는 종소리를 들었다. She

❷ 그들은 종소리를 들었다. They

❸ 그는 종소리를 들었다. He

❹ 학생들은 종소리를 들었다. The students

**의문** ❺ 그녀는 종소리를 들었니? she

❻ 그는 종소리를 들었니? he

❼ 학생들은 종소리를 들었니? the students

❽ 그들은 종소리를 들었니? they

# Review

touch

certainly I can!

# touch - 과거 *touched* - 과거분사 *touched*

☆ (손 등으로) 만지다, 건드리다, 대다

*My brother* **touched** *my cellphone.* 남동생이 내 휴대전화를 만졌다.

☆ 마음을 움직이다, 감동시키다

*Her story* **touched** *me.* 그녀의 이야기가 나를 감동시켰다.

★ 우리말 뜻을 참고하여 영어로 표현하세요.

# He was touching the *mouse.*
그는 마우스를 만지고 있었다.

# He wasn't touching the *mouse.*
그는 마우스를 만지고 있지 않았다.

**응용** ❶ 그는 담요를 만지고 있었다. blanket

❷ 그는 카펫을 만지고 있었다. carpet

❸ 그는 책상을 만지고 있었다. desk

❹ 그는 카메라를 만지고 있었다. camera

**부정** ❺ 그는 책상을 만지고 있지 않았다. desk

❻ 그는 담요를 만지고 있지 않았다. blanket

❼ 그는 카메라를 만지고 있지 않았다. camera

❽ 그는 카펫을 만지고 있지 않았다. carpet

★ 우리말 뜻을 참고하여 영어로 표현하세요.

*He* was touching the mouse
with his right hand.

그는 오른손으로 마우스를 만지고 있었다.

Was *he* touching the mouse
with his right hand?

그는 오른손으로 마우스를 만지고 있었니?

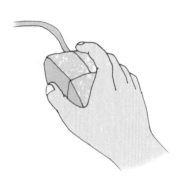

☑ with …을 써서, …로

**응용** ❶ 다니엘은 오른손으로 마우스를 만지고 있었다. Daniel

❷ 그의 형은 오른손으로 마우스를 만지고 있었다. His brother

❸ 그녀의 아빠는 오른손으로 마우스를 만지고 있었다. Her dad

❹ 네 친구는 오른손으로 마우스를 만지고 있었다. Your friend

**의문** ❺ 그녀의 아빠는 오른손으로 마우스를 만지고 있었니? her dad

❻ 그의 형은 오른손으로 마우스를 만지고 있었니? his brother

❼ 네 친구는 오른손으로 마우스를 만지고 있었니? your friend

❽ 다니엘은 오른손으로 마우스를 만지고 있었니? Daniel

★ 우리말 뜻을 참고하여 영어로 표현하세요.

## I touched a *cat.*
나는 고양이를 만졌다.

## I didn't touch a *cat.*
나는 고양이를 안 만졌다.

**응용** ① 나는 강아지를 만졌다. dog

② 나는 토끼를 만졌다. rabbit

③ 나는 말을 만졌다. horse

④ 나는 햄스터를 만졌다. hamster

**부정** ⑤ 나는 말을 안 만졌다. horse

⑥ 나는 토끼를 안 만졌다. rabbit

⑦ 나는 강아지를 안 만졌다. dog

⑧ 나는 햄스터를 안 만졌다. hamster

★ 우리말 뜻을 참고하여 영어로 표현하세요.

**Bruno touched** the monkey in the zoo.
브루노는 동물원에서 원숭이를 만졌다.

**Did Bruno touch** the monkey in the zoo?
브루노는 동물원에서 원숭이를 만졌니?

시간 ❶ 브루노는 동물원에서 원숭이를 만지고 있었다. 과거진행

❷ 브루노는 동물원에서 원숭이를 만질 것이다. 미래(be going to)

❸ 브루노는 동물원에서 원숭이를 만진 적이 있다. 현재완료

❹ 브루노는 동물원에서 원숭이를 만지고 있다. 현재진행

의문 ❺ 브루노는 동물원에서 원숭이를 만지고 있었니? 과거진행

❻ 브루노는 동물원에서 원숭이를 만지고 있니? 현재진행

❼ 브루노는 동물원에서 원숭이를 만질 것이니? 미래(be going to)

❽ 브루노는 동물원에서 원숭이를 만진 적이 있니? 현재완료

★ 우리말 뜻을 참고하여 영어로 표현하세요.

# She touched a hot *pan.*
그녀는 뜨거운 냄비를 만졌다.

# Did she touch a hot *pan?*
그녀는 뜨거운 냄비를 만졌니?

**응용** ① 그녀는 뜨거운 컵을 만졌다. cup

② 그녀는 뜨거운 접시를 만졌다. plate

③ 그녀는 뜨거운 오븐을 만졌다. oven

④ 그녀는 뜨거운 전열기를 만졌다. stove

**의문** ⑤ 그녀는 뜨거운 오븐을 만졌니? oven

⑥ 그녀는 뜨거운 컵을 만졌니? cup

⑦ 그녀는 뜨거운 전열기를 만졌니? stove

⑧ 그녀는 뜨거운 접시를 만졌니? plate

★ 우리말 뜻을 참고하여 영어로 표현하세요.

*His kindness* has touched me.
그의 친절함이 나를 감동시켰다.

*His kindness* has not touched me.
그의 친절함이 나를 감동시키지 않았다.

응용 ❶ 그녀의 이야기가 나를 감동시켰다. Her story

❷ 그 연설이 나를 감동시켰다. The speech

❸ 그 책이 나를 감동시켰다. The book

❹ 그 영화가 나를 감동시켰다. The movie

부정 ❺ 그 연설이 나를 감동시키지 않았다. The speech

❻ 그 책이 나를 감동시키지 않았다. The book

❼ 그녀의 이야기가 나를 감동시키지 않았다. Her story

❽ 그 영화가 나를 감동시키지 않았다. The movie

# Review

**013 - 018** 그림을 보고 영어로 말해 보세요.

**013**

**014**

**015**

**016**

**017**

**018**

시작 　월　　일　　：
마침 　월　　일　　：

# taste - 과거 *tasted* - 과거분사 *tasted*

☆ 맛보다

*I **tasted** the fruit.* 나는 그 과일을 맛봤다.

☆ 맛이 …하다, …한 맛이 나다

*The ice cream **tastes** like mint.* 아이스크림이 박하 같은 맛이 난다.

☆ (보통 can · could와 함께) 맛을 느끼다. 맛을 알다

*I can **taste** garlic in the soup.* 나는 수프에서 마늘 맛을 느낀다.

*I am tasting garlic in the soup.* (✗ 진행형으로 쓰지 않음)

★ 우리말 뜻을 참고하여 영어로 표현하세요.

*He tastes* the fresh bread.

그는 갓 구운 빵을 맛본다.

*Does he taste* the fresh bread?

그는 갓 구운 빵을 맛보니?

시간 ❶ 그는 갓 구운 빵을 맛봤다. 과거

❷ 그는 갓 구운 빵을 맛보고 있었다. 과거진행

❸ 그는 갓 구운 빵을 맛보았다. 현재완료

❹ 그는 갓 구운 빵을 맛볼 것이다. 미래(be going to)

의문 ❺ 그는 갓 구운 빵을 맛봤니? 과거

❻ 그는 갓 구운 빵을 맛보고 있었니? 과거진행

❼ 그는 갓 구운 빵을 맛볼 거니? 미래(be going to)

❽ 그는 갓 구운 빵을 맛봤니? 현재완료

★ 우리말 뜻을 참고하여 영어로 표현하세요.

# I have tasted all the *desserts.*
나는 모든 디저트를 맛보았다.

# I haven't tasted all the *desserts.*
나는 모든 디저트를 맛보지 않았다.

**응용** ❶ 나는 모든 쿠키를 맛보았다. cookies

❷ 나는 모든 씨리얼을 맛보았다. cereals

❸ 나는 모든 한식을 맛보았다. Korean foods

❹ 나는 모든 피자를 맛보았다. pizzas

**부정** ❺ 나는 모든 씨리얼을 맛보지 않았다. cereals

❻ 나는 모든 쿠키를 맛보지 않았다. cookies

❼ 나는 모든 한식을 맛보지 않았다. Korean foods

❽ 나는 모든 피자를 맛보지 않았다. pizzas

★ 우리말 뜻을 참고하여 영어로 표현하세요.

## *The waffle tastes* good.
그 와플은 맛이 좋다.

## *The waffle doesn't taste* good.
그 와플은 맛이 좋지 않다.

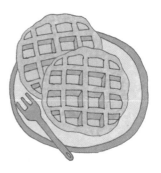

**일치** ❶ 그 핫도그는 맛이 좋다. hot dog

❷ 그 도넛들이 맛이 좋다. doughnuts

❸ 그 케이크는 맛이 좋다. cake

❹ 그 쿠키들은 맛이 좋다. cookies

**부정** ❺ 그 도넛들은 맛이 좋지 않다. doughnuts

❻ 그 케이크는 맛이 좋지 않다. cake

❼ 그 핫도그는 맛이 좋지 않다. hot dog

❽ 그 쿠키들은 맛이 좋지 않다. cookies

★ 우리말 뜻을 참고하여 영어로 표현하세요.

# The waffle tastes good with *ice cream.*

아이스크림을 곁들인 그 와플은 맛이 좋다.

# Does the waffle taste good with *ice cream?*

아이스크림을 곁들인 그 와플은 맛이 좋니?

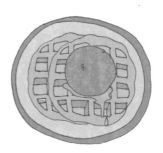

☑ with ...을 곁들이면

**응용** ❶ 생크림을 곁들인 그 와플은 맛이 좋다. whipped cream

❷ 꿀을 곁들인 그 와플은 맛이 좋다. honey

❸ 블루베리 잼을 곁들인 그 와플은 맛이 좋다. blueberry jam

❹ 요거트를 곁들인 그 와플은 맛이 좋다. yogurt

**의문** ❺ 요거트를 곁들인 그 와플은 맛이 좋니? yogurt

❻ 생크림을 곁들인 그 와플은 맛이 좋니? whipped cream

❼ 꿀을 곁들인 그 와플은 맛이 좋니? honey

❽ 블루베리 잼을 곁들인 그 와플은 맛이 좋니? blueberry jam

★ 우리말 뜻을 참고하여 영어로 표현하세요.

# It tastes like a *mango.*
망고 같은 맛이 난다.

# Does it taste like a *mango?*
망고 같은 맛이 나니?

☑ taste like+명사 ～한 맛이 나다

**응용** ❶ 체리 같은 맛이 난다. cherry

❷ 복숭아 같은 맛이 난다. peach

❸ 딸기 같은 맛이 난다. strawberry

❹ 바나나 같은 맛이 난다. banana

**의문** ❺ 복숭아 같은 맛이 나니? peach

❻ 바나나 같은 맛이 나니? banana

❼ 딸기 같은 맛이 나니? strawberry

❽ 체리 같은 맛이 나니? cherry

★ 우리말 뜻을 참고하여 영어로 표현하세요.

He can taste *cheese* in this soup.

그는 이 수프에서 치즈 맛을 느낀다.

Can he taste *cheese* in this soup?

그는 이 수프에서 치즈 맛을 느끼니?

응용 ❶ 그는 이 수프에서 버섯 맛을 느낀다. mushrooms

❷ 그는 이 수프에서 양파 맛을 느낀다. onions

❸ 그는 이 수프에서 버터 맛을 느낀다. butter

❹ 그는 이 수프에서 토마토 맛을 느낀다. tomatoes

의문 ❺ 그는 이 수프에서 버터 맛을 느끼니? butter

❻ 그는 이 수프에서 버섯 맛을 느끼니? mushrooms

❼ 그는 이 수프에서 토마토 맛을 느끼니? tomatoes

❽ 그는 이 수프에서 양파 맛을 느끼니? onions

# Review

**019-024** 그림을 보고 영어로 말해 보세요.

019

020

021

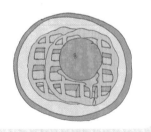

022

023

024

smell

certainly I can!

시작     월     일     :

마침     월     일     :

## **smell** – 과거 *smelled* – 과거분사 *smelled*

☆ …한 냄새가 나다

*The dish* **smells** *good.* 그 음식은 맛있는 냄새가 난다.

☆ (코를 가까이 대고) 냄새[향]를 맡다

*She bent to* **smell** *the flower.* 그녀는 꽃 냄새를 맡으려고 몸을 숙였다.

☆ (보통 can · could와 함께) …의 냄새가 나는 것을 알다

*I can* **smell** *gas.* 가스 냄새가 난다.

*I am smelling gas.* (❌ 진행형으로 쓰지 않음)

 영국 영어에서는 smell의 과거형과 과거분사를 smelt–smelt로 표현하기도 해요.

★ 우리말 뜻을 참고하여 영어로 표현하세요.

# We have smelled the *pizza.*
우리는 피자 냄새를 맡았다.

# We have not smelled the *pizza.*
우리는 피자 냄새를 맡지 못했다.

**응용** ❶ 우리는 파스타 냄새를 맡았다. pasta

❷ 우리는 수프 냄새를 맡았다. soup

❸ 우리는 빵 냄새를 맡았다. bread

❹ 우리는 닭고기 냄새를 맡았다. chicken

**부정** ❺ 우리는 빵 냄새를 맡지 못했다. bread

❻ 우리는 파스타 냄새를 맡지 못했다. pasta

❼ 우리는 닭고기 냄새를 맡지 못했다. chicken

❽ 우리는 수프 냄새를 맡지 못했다. soup

★ 우리말 뜻을 참고하여 영어로 표현하세요.

## *She has smelled* the pizza in the oven.
그녀는 오븐에서 피자 냄새를 맡았다.

## *Has she smelled* the pizza in the oven?
그녀는 오븐에서 피자 냄새를 맡았니?

**일치** ❶ 에밀리는 오븐에서 피자 냄새를 맡았다. Emily

❷ 그녀의 언니는 오븐에서 피자 냄새를 맡았다. Her sister

❸ 그의 엄마는 오븐에서 피자 냄새를 맡았다. His mom

❹ 그들은 오븐에서 피자 냄새를 맡았다. They

**의문** ❺ 그녀의 언니는 오븐에서 피자 냄새를 맡았니? her sister

❻ 에밀리는 오븐에서 피자 냄새를 맡았니? Emily

❼ 그의 엄마는 오븐에서 피자 냄새를 맡았니? his mom

❽ 그들은 오븐에서 피자 냄새를 맡았니? they

⭐ 우리말 뜻을 참고하여 영어로 표현하세요.

# The *soup* smells so nice.
수프 냄새가 매우 좋다.

# Does the *soup* smell nice?
수프 냄새가 좋니?

☑️ 의문문에 '매우'의 의미로 so를 쓰면 외국인들에게는 콩글리시로 들려요.

응용 ① 스테이크 냄새가 매우 좋다. steak

② 빵 냄새가 매우 좋다. bread

③ 오믈렛 냄새가 매우 좋다. omelet

④ 피자 냄새가 매우 좋다. pizza

의문 ⑤ 오믈렛 냄새가 좋니? omelet

⑥ 빵 냄새가 좋니? bread

⑦ 스테이크 냄새가 좋니? steak

⑧ 피자 냄새가 좋니? pizza

★ 우리말 뜻을 참고하여 영어로 표현하세요.

# It smells like *garlic*.

그것은 마늘 같은 냄새가 난다.

# It doesn't smell like *garlic*.

그것은 마늘 같은 냄새가 안 난다.

☑ like ⋯와 같은

**응용** ❶ 그것은 양파 같은 냄새가 난다. onions

❷ 그것은 페퍼민트 같은 냄새가 난다. peppermint

❸ 그것은 썩은 음식 같은 냄새가 난다. rotten food

❹ 그것은 장미 같은 향기가 난다. a rose

**부정** ❺ 그것은 썩은 음식 같은 냄새가 안 난다. rotten food

❻ 그것은 양파 같은 냄새가 안 난다. onions

❼ 그것은 장미 같은 냄새가 안 난다. a rose

❽ 그것은 페퍼민트 같은 냄새가 안 난다. peppermint

⭐ 우리말 뜻을 참고하여 영어로 표현하세요.

# I could smell something *burning.*
나는 무언가 타는 냄새가 나는 걸 알았다.

# I couldn't smell something *burning.*
나는 무언가 타는 냄새가 나는 걸 몰랐다.

☑️ 「smell something+형용사/분사」는 '무언가 …한 냄새가 나다'라는 뜻이에요.

응용 ❶ 나는 무언가 달콤한 냄새가 나는 걸 알았다. sweet

❷ 나는 무언가 시큼한 냄새가 나는 걸 알았다. sour

❸ 나는 무언가 맛있는 냄새가 나는 걸 알았다. delicious

❹ 나는 무언가 썩은 냄새가 나는 걸 알았다. rotten

부정 ❺ 나는 무언가 맛있는 냄새가 나는 걸 몰랐다. delicious

❻ 나는 무언가 썩은 냄새가 나는 걸 몰랐다. rotten

❼ 나는 무언가 시큼한 냄새가 나는 걸 몰랐다. sour

❽ 나는 무언가 달콤한 냄새가 나는 걸 몰랐다. sweet

★ 우리말 뜻을 참고하여 영어로 표현하세요.

# I smelled something burning in the *kitchen*.

부엌에서 무언가 타는 냄새가 났다.

# I didn't smell something burning in the *kitchen*.

부엌에서 무언가 타는 냄새가 나지 않았다.

**응용** ❶ 오븐에서 무언가 타는 냄새가 났다. oven

❷ 전자레인지에서 무언가 타는 냄새가 났다. microwave

❸ 건물에서 무언가 타는 냄새가 났다. building

❹ 집에서 무언가 타는 냄새가 났다. house

**부정** ❺ 전자레인지에서 무언가 타는 냄새가 나지 않았다. microwave

❻ 건물에서 무언가 타는 냄새가 나지 않았다. building

❼ 오븐에서 무언가 타는 냄새가 나지 않았다. oven

❽ 집에서 무언가 타는 냄새가 나지 않았다. house

# Review

**025-030** 그림을 보고 영어로 말해 보세요.

026

027

028

029

030

certainly I can!

## take - 과거 *took* - 과거분사 *taken*

☆ (어떤 것을 한 곳에서 다른 곳으로) 가지고 가다, (사람을) 데리고 가다

*I* **took** *a bag with me.* 나는 가방을 가지고 갔다.

*I* **took** *a bag to my home.* 나는 가방을 집으로 가지고 갔다.

*I* **took** *him home.* 나는 그를 집으로 데리고 갔다.

☆ 잡다, 받다, 집다, 안다

*We* **took** *our hands.* 우리는 손을 잡았다.

☆ 먹다, 마시다, 복용하다

*She doesn't* **take** *a pill.* 그녀는 약을 먹지 않는다.

☆ (시험을) 치다, (테스트를) 받다

*Did you* **take** *an exam?* 너는 시험을 쳤니?

☆ (교통수단을) 타다, 이용하다

*I always* **take** *a bus.* 나는 항상 버스를 탄다.

★ 우리말 뜻을 참고하여 영어로 표현하세요.

I'll take **an umbrella** with me.

나는 우산을 가져갈 것이다.

I won't take **an umbrella** with me.

나는 우산을 가져가지 않을 것이다.

**응용** ❶ 나는 내 노트북컴퓨터를 가져갈 것이다. my laptop

❷ 나는 이 가방을 가져갈 것이다. this bag

❸ 나는 그걸 가져갈 것이다. it

❹ 나는 그것들을 가져갈 것이다. them

**부정** ❺ 나는 이 가방을 가져가지 않을 것이다. this bag

❻ 나는 그걸 가져가지 않을 것이다. it

❼ 나는 내 노트북컴퓨터를 가져가지 않을 것이다. my laptop

❽ 나는 그것들을 가져가지 않을 것이다. them

★ 우리말 뜻을 참고하여 영어로 표현하세요.

# *His mom took* him to school.

그의 엄마가 그를 학교에 데려다주었다.

# *Did his mom take* him to school?

그의 엄마가 그를 학교에 데려다주었니?

**시간** ❶ 그의 엄마가 그를 학교에 데려다준다. 현재

❷ 그의 엄마가 그를 학교에 데려다주고 있었다. 과거진행

❸ 그의 엄마가 그를 학교에 데려다주었다. 현재완료

❹ 그의 엄마가 그를 학교에 데려다줄 것이다. 미래(be going to)

**의문** ❺ 그의 엄마가 그를 학교에 데려다주니? 현재

❻ 그의 엄마가 그를 학교에 데려다줄 거니? 미래(be going to)

❼ 그의 엄마가 그를 학교에 데려다주었니? 현재완료

❽ 그의 엄마가 그를 학교에 데려다주고 있었니? 과거진행

★ 우리말 뜻을 참고하여 영어로 표현하세요.

**She took** a letter from the mailman.

그녀는 우편배달부로부터 편지를 받았다.

**Did she take** a letter from the mailman?

그녀가 우편배달부로부터 편지를 받았니?

시간 ❶ 그녀는 우편배달부로부터 편지를 받고 있다. 현재진행

❷ 그녀는 우편배달부로부터 편지를 받았다. 현재완료

❸ 그녀는 우편배달부로부터 편지를 받고 있었다. 과거진행

❹ 그녀는 우편배달부로부터 편지를 받을 것이다. 미래(be going to)

의문 ❺ 그녀는 우편배달부로부터 편지를 받고 있니? 현재진행

❻ 그녀는 우편배달부로부터 편지를 받고 있었니? 과거진행

❼ 그녀는 우편배달부로부터 편지를 받았니? 현재완료

❽ 그녀는 우편배달부로부터 편지를 받을 거니? 미래(be going to)

★ 우리말 뜻을 참고하여 영어로 표현하세요.

# He'll take *a vitamin C.*
그는 비타민 C를 먹을 것이다.

# Will he take *a vitamin C?*
그는 비타민 C를 먹을 것이니?

**응용** ❶ 그는 약을 먹을 것이다. medicine

❷ 그는 알약을 먹을 것이다. a pill

❸ 그는 감기약을 먹을 것이다. cold medicine

❹ 그는 식후에 약을 먹을 것이다. medicine after his meal

**의문** ❺ 그는 알약을 먹을 거니? a pill

❻ 그는 약을 먹을 거니? medicine

❼ 그는 식후에 약을 먹을 거니? medicine after his meal

❽ 그는 감기약을 먹을 거니? cold medicine

★ 우리말 뜻을 참고하여 영어로 표현하세요.

*We are taking* a math test.

우리는 수학 시험을 보고 있다.

*We are not taking* a math test.

우리는 수학 시험을 보고 있지 않다.

**시간** ❶ 우리는 수학 시험을 본다. 현재

❷ 우리는 수학 시험을 보았다. 과거

❸ 우리는 수학 시험을 보고 있었다. 과거진행

❹ 우리는 수학 시험을 볼 것이다. 미래(be going to)

**부정** ❺ 우리는 수학 시험을 보지 않는다. 현재

❻ 우리는 수학 시험을 보지 않았다. 과거

❼ 우리는 수학 시험을 보지 않을 것이다. 미래(be going to)

❽ 우리는 수학 시험을 보고 있지 않았다. 과거진행

★ 우리말 뜻을 참고하여 영어로 표현하세요.

***My dad takes*** the subway to work.

우리 아빠는 직장까지 지하철을 타신다.

***My dad doesn't take*** the subway to work.

우리 아빠는 직장까지 지하철을 타지 않으신다.

**일치** ❶ 스티브는 직장까지 지하철을 탄다. Steve

❷ 그들은 직장까지 지하철을 탄다. They

❸ 우리 삼촌은 직장까지 지하철을 탄다. My uncle

❹ 그의 누나는 직장까지 지하철을 탄다. His sister

**부정** ❺ 우리 삼촌은 직장까지 지하철을 타지 않는다. My uncle

❻ 스티브는 직장까지 지하철을 타지 않는다. Steve

❼ 그의 누나는 직장까지 지하철을 타지 않는다. His sister

❽ 그들은 직장까지 지하철을 타지 않는다. They

# Review

**031-036** 그림을 보고 영어로 말해 보세요.

go

certainly I can!

## go – 과거 *went* – 과거분사 *gone*

☆ (한 장소에서 다른 장소로) 가다

*I* **went** *to work.* 나는 직장에 갔다.

☆ 떠나다

*He* **has gone**. 그는 떠났다.

☆ (수영 · 낚시 등을) 하러 가다

*We will* **go** *for a swim.* 우리는 수영하러 갈 것이다.

**Tip** 'I'm going.'과 'I'm coming.'은 뜻이 같나요?

둘 다 '간다'라는 뜻이지만 쓰이는 상황이 달라요. 'I'm going'은 내가 대화하는 사람과 멀어져 어딘가로 간다는 것이고,
'I'm coming.'은 내가 대화하는 사람을 향해 가는 것을 말해요.

★ 우리말 뜻을 참고하여 영어로 표현하세요.

## *We went* to the museum.
우리는 박물관에 갔다.

## *We didn't go* to the museum.
우리는 박물관에 가지 않았다.

**일치** ❶ 한나는 박물관에 갔다. Hannah

❷ 나는 박물관에 갔다. I

❸ 우리 가족은 박물관에 갔다. My family

❹ 그녀의 친구들은 박물관에 갔다. Her friends

**부정** ❺ 우리 가족은 박물관에 가지 않았다. My family

❻ 나는 박물관에 가지 않았다. I

❼ 한나는 박물관에 가지 않았다. Hannah

❽ 그녀의 친구들은 박물관에 가지 않았다. Her friends

★ 우리말 뜻을 참고하여 영어로 표현하세요.

# They often go *shopping.*
그들은 자주 쇼핑을 하러 간다.

# Do they often go *shopping?*
그들은 자주 쇼핑을 하러 가니?

☑ go+동사-ing ~하러 가다

**응용** ❶ 그들은 자주 캠핑을 하러 간다. camping

❷ 그들은 자주 등산을 하러 간다. climbing

❸ 그들은 자주 조깅을 하러 간다. jogging

❹ 그들은 자주 수영을 하러 간다. swimming

**의문** ❺ 그들은 자주 등산을 하러 가니? climbing

❻ 그들은 자주 수영을 하러 가니? swimming

❼ 그들은 자주 캠핑을 하러 가니? camping

❽ 그들은 자주 조깅을 하러 가니? jogging

⭐ 우리말 뜻을 참고하여 영어로 표현하세요.

## *I go* to the movies.
나는 영화를 보러 간다.

## *I don't go* to the movies.
나는 영화를 보러 가지 않는다.

☑ go to the movies 영화를 보러 가다 (*movies를 복수로 쓰는 것에 주의하세요!)

[시간] ① 나는 영화를 보러 갔다. 과거

② 나는 영화를 보러 가고 있다. 현재진행

③ 나는 영화를 보러 가고 있었다. 과거진행

④ 나는 영화를 보러 갈 것이다. 미래(will)

[부정] ⑤ 나는 영화를 보러 가지 않았다. 과거

⑥ 나는 영화를 보러 가지 않을 것이다. 미래(will)

⑦ 나는 영화를 보러 가고 있지 않다. 현재진행

⑧ 나는 영화를 보러 가고 있지 않았다. 과거진행

★ 우리말 뜻을 참고하여 영어로 표현하세요.

# He goes to the movies *twice a month.*
그는 한 달에 두 번 영화를 보러 간다.

# Does he go to the movies *twice a month?*
그는 한 달에 두 번 영화를 보러 가니?

☑ a+시간 단위 ...마다 (a month 한 달마다, 한 달에)

**응용** ❶ 그는 한 달에 한 번 영화를 보러 간다. once a month

❷ 그는 3주마다 영화를 보러 간다. every three weeks

❸ 그는 두 달마다 영화를 보러 간다. every two months

❹ 그는 매우 자주 영화를 보러 간다. very often

**의문** ❺ 그는 두 달마다 영화를 보러 가니? every two months

❻ 그는 매우 자주 영화를 보러 가니? very often

❼ 그는 한 달에 한 번 영화를 보러 가니? once a month

❽ 그는 3주마다 영화를 보러 가니? every three weeks

★ 우리말 뜻을 참고하여 영어로 표현하세요.

# She goes to work *by bus.*
그녀는 버스로 출근한다.

# Does she go to work *by bus?*
그녀는 버스로 출근하니?

☑ go to work 출근하다 ·「by+교통수단」···을 타고, ···로(참고로 '걸어서'는 on foot)

응용 ❶ 그녀는 기차로 출근한다. by train


❷ 그녀는 걸어서 출근한다. on foot


❸ 그녀는 지하철로 출근한다. by subway


❹ 그녀는 자동차로 출근한다. by car


의문 ❺ 그녀는 걸어서 출근하니? on foot


❻ 그녀는 지하철로 출근하니? by subway


❼ 그녀는 기차로 출근하니? by train


❽ 그녀는 자동차로 출근하니? by car

★ 우리말 뜻을 참고하여 영어로 표현하세요.

***They went* for a walk.**
그들은 산책을 하러 갔다.

***They didn't go* for a walk.**
그들은 산책을 하러 가지 않았다.

☑ go for a walk 산책하러 가다

**시간** ❶ 그들은 산책을 하러 간다. 현재

❷ 그들은 산책을 하러 가는 중이다. 현재진행

❸ 그들은 산책을 하러 가는 중이었다. 과거진행

❹ 그들은 산책을 하러 갈 것이다. 미래(be going to)

**부정** ❺ 그들은 산책을 하러 가는 중이 아니었다. 과거진행

❻ 그들은 산책을 하러 가지 않는다. 현재

❼ 그들은 산책을 하러 가는 중이 아니다. 현재진행

❽ 그들은 산책을 하러 가지 않을 것이다. 미래(be going to)

# Review

**037-042** 그림을 보고 영어로 말해 보세요.

# say·tell

Certainly I can!

## **say** – 과거 *said* – 과거분사 *said*

☆ 말하다, …라고 (말)하다

*I **said** to her.* 나는 그녀에게 말했다. (say+to+사람)

*John **said** (that) she moved to Seoul.* 존은 그녀가 서울로 이사했다고 말했다.

## **tell** – 과거 *told* – 과거분사 *told*

☆ (말·글로) 알리다, 말하다

*He'll **tell** you.* 그가 네게 말할 것이다. (tell+사람)

*He **told** everybody (that) he saw a movie star.*

그는 모두에게 영화배우를 봤다고 말했다.

★ 우리말 뜻을 참고하여 영어로 표현하세요.

# *Kevin said* that he had a good time.

케빈은 좋은 시간을 보냈다고 말했다.

# *Did Kevin say* that he had a good time?

케빈은 좋은 시간을 보냈다고 말했니?

☑ say 뒤에 나오는 「that+주어+동사 ~」에서 that은 생략할 수 있어요.

시간 ❶ 케빈은 좋은 시간을 보냈다고 말한다. 현재

❷ 케빈은 좋은 시간을 보냈다고 말하고 있다. 현재진행

❸ 케빈은 좋은 시간을 보냈다고 말하고 있었다. 과거진행

❹ 케빈은 좋은 시간을 보냈다고 말했다. 현재완료

의문 ❺ 케빈은 좋은 시간을 보냈다고 말하고 있었니? 과거진행

❻ 케빈은 좋은 시간을 보냈다고 말했니? 현재완료

❼ 케빈은 좋은 시간을 보냈다고 말하니? 현재

❽ 케빈은 좋은 시간을 보냈다고 말하고 있니? 현재진행

⭐ 우리말 뜻을 참고하여 영어로 표현하세요.

# Kevin said to *me* he had a good time yesterday.
케빈은 내게 그가 어제 좋은 시간을 보냈다고 말했다.

# Did Kevin say to *me* he had a good time yesterday?
케빈은 내게 그가 어제 좋은 시간을 보냈다고 말했니?

응용 ❶ 케빈은 우리에게 그가 어제 좋은 시간을 보냈다고 말했다. us

❷ 케빈은 그의 어머니에게 그가 어제 좋은 시간을 보냈다고 말했다. his mother

❸ 케빈은 그의 친구들에게 그가 어제 좋은 시간을 보냈다고 말했다. his friends

❹ 케빈은 소피아에게 그가 어제 좋은 시간을 보냈다고 말했다. Sophia

의문 ❺ 케빈은 그의 친구들에게 그가 어제 좋은 시간을 보냈다고 말했니? his friends

❻ 케빈은 소피아에게 그가 어제 좋은 시간을 보냈다고 말했니? Sophia

❼ 케빈은 우리에게 그가 어제 좋은 시간을 보냈다고 말했니? us

❽ 케빈은 그의 어머니에게 그가 어제 좋은 시간을 보냈다고 말했니? his mother

★ 우리말 뜻을 참고하여 영어로 표현하세요.

## *He's saying* the same thing.
그는 똑같은 것을 말하고 있다.

## *He's not saying* the same thing.
그는 똑같은 것을 말하고 있지 않다.

**시간** ❶ 그는 똑같은 것을 말한다. 현재

❷ 그는 똑같은 것을 말했다. 과거

❸ 그는 똑같은 것을 말하고 있었다. 과거진행

❹ 그는 똑같은 것을 말했다. 현재완료

**부정** ❺ 그는 똑같은 것을 말하지 않았다. 과거

❻ 그는 똑같은 것을 말하고 있지 않았다. 과거진행

❼ 그는 똑같은 것을 말하지 않는다. 현재

❽ 그는 똑같은 것을 말하지 않았다. 현재완료

★ 우리말 뜻을 참고하여 영어로 표현하세요.

***He is saying*** the same thing over and over again.
그는 반복해서 똑같은 것을 말하고 있다.

***Is he saying*** the same thing over
and over again?
그는 반복해서 똑같은 것을 말하고 있니?

☑ over and over again  반복해서

**일치** ❶ 너희 선생님은 반복해서 똑같은 것을 말하고 계신다. Your teacher

❷ 너희 부모님은 반복해서 똑같은 것을 말하고 계신다. Your parents

❸ 그녀는 반복해서 똑같은 것을 말하고 있다. She

❹ 너희 할아버지는 반복해서 똑같은 것을 말하고 계신다. Your grandfather

**의문** ❺ 그녀는 반복해서 똑같은 것을 말하고 있니? she

❻ 너희 할아버지는 반복해서 똑같은 것을 말하고 계시니? your grandfather

❼ 너희 선생님은 반복해서 똑같은 것을 말하고 계시니? your teacher

❽ 너희 부모님은 반복해서 똑같은 것을 말하고 계시니? your parents

★ 우리말 뜻을 참고하여 영어로 표현하세요.

# *Kevin told* me that he had a good time.
케빈은 내게 좋은 시간을 보냈다고 말했다.

# *Kevin didn't tell* me that he had a good time.
케빈은 내게 좋은 시간을 보냈다고 말하지 않았다.

☑ 위의 문장에서 told 대신 said를 쓰려면 'said to me'가 돼야 해요.

---

**일치** ❶ 내 친구는 내게 좋은 시간을 보냈다고 말했다. My friend

❷ 내 친구 스티브는 내게 좋은 시간을 보냈다고 말했다. My friend Steve

❸ 우리 오빠는 내게 좋은 시간을 보냈다고 말했다. My brother

❹ 그는 내게 좋은 시간을 보냈다고 말했다. He

**부정** ❺ 내 친구 스티브는 내게 좋은 시간을 보냈다고 말하지 않았다. My friend Steve

❻ 내 친구는 내게 좋은 시간을 보냈다고 말하지 않았다. My friend

❼ 우리 오빠는 내게 좋은 시간을 보냈다고 말하지 않았다. My brother

❽ 그는 내게 좋은 시간을 보냈다고 말하지 않았다. He

★ 우리말 뜻을 참고하여 영어로 표현하세요.

**She told** the driver to stop.
그녀는 운전수에게 차를 멈추라고 말했다.

**Did she tell** the driver to stop?
그녀가 운전수에게 차를 멈추라고 말했니?

☑ 「tell+사람+to 동사원형」 사람에게 …하라고 말하다

**시간** ❶ 그녀는 운전수에게 차를 멈추라고 말한다. 현재

❷ 그녀는 운전수에게 차를 멈추라고 말했다. 현재완료

❸ 그녀는 운전수에게 차를 멈추라고 말하고 있었다. 과거진행

❹ 그녀는 운전수에게 차를 멈추라고 말할 것이다. 미래(will)

**의문** ❺ 그녀는 운전수에게 차를 멈추라고 말했니? 현재완료

❻ 그녀는 운전수에게 차를 멈추라고 말하고 있었니? 과거진행

❼ 그녀는 운전수에게 차를 멈추라고 말하니? 현재

❽ 그녀는 운전수에게 차를 멈추라고 말할 것이니? 미래(will)

# Review

**043-048** 그림을 보고 영어로 말해 보세요.

know

Certainly I can!

# know - 과거 *knew* - 과거분사 *known*

☆ 알다, 알고 있다

*Do you* **know** *Suji's address?* 너는 수지의 주소를 아니?

*I'm knowing Suji's number.* (✗ 진행형으로 쓰지 않음)

☆ 알게 되다, 깨닫다, 이해하다, 의식하다

*I* **know** *how you feel.* 네 기분이 어떨지 이해한다.

☆ 알다, 확신하다

*He* **knew** *(that) Jane would come.* 그는 제인이 올 것을 알았다.

☆ (사람 · 장소 · 물건 등에 대해) 알다, 익숙하다

*Jack and Jill have* **known** *each other.* 잭과 질은 서로 알고 지냈다.

★ 우리말 뜻을 참고하여 영어로 표현하세요.

### *She knows* my cellphone number.
그녀는 내 휴대전화번호를 안다.

### *She doesn't know* my cellphone number.
그녀는 내 휴대전화번호를 모른다.

**일치** ❶ 다니엘은 내 휴대전화번호를 안다. Daniel

❷ 내 사촌은 내 휴대전화번호를 안다. My cousin

❸ 우리 선생님은 내 휴대전화번호를 안다. My teacher

❹ 그들은 내 휴대전화번호를 안다. They

**부정** ❺ 우리 선생님은 내 휴대전화번호를 모른다. My teacher

❻ 그들은 내 휴대전화번호를 모른다. They

❼ 다니엘은 내 휴대전화번호를 모른다. Daniel

❽ 내 사촌은 내 휴대전화번호를 모른다. My cousin

★ 우리말 뜻을 참고하여 영어로 표현하세요.

Everybody knows **Jobs** was a genius.
모두가 잡스가 천재였다는 걸 안다.

Does everybody know **Jobs**
was a genius?
모두가 잡스가 천재였다는 걸 아니?

**응용** ❶ 모두가 아인슈타인이 천재였다는 걸 안다. Einstein

❷ 모두가 모차르트가 천재였다는 걸 안다. Mozart

❸ 모두가 피카소가 천재였다는 걸 안다. Picasso

❹ 모두가 셰익스피어가 천재였다는 걸 안다. Shakespeare

**의문** ❺ 모두가 피카소가 천재였다는 걸 아니? Picasso

❻ 모두가 아인슈타인이 천재였다는 걸 아니? Einstein

❼ 모두가 모차르트가 천재였다는 걸 아니? Mozart

❽ 모두가 셰익스피어가 천재였다는 걸 아니? Shakespeare

★ 우리말 뜻을 참고하여 영어로 표현하세요.

# *My aunt knows* how to make kimchi.
우리 이모는 김치 담그는 법을 안다.

# *My aunt doesn't know* how to make kimchi.
우리 이모는 김치 담그는 법을 모른다.

☑ how to 동사원형 ⋯하는 방법

---

[일치] ❶ 우리 아빠는 김치 담그는 법을 안다. My dad

❷ 우리 언니는 김치 담그는 법을 안다. My sister

❸ 그의 누나들은 김치 담그는 법을 안다. His sisters

❹ 우리는 김치 담그는 법을 안다. We

[부정] ❺ 그의 누나들은 김치 담그는 법을 모른다. His sisters

❻ 우리는 김치 담그는 법을 모른다. We

❼ 우리 아빠는 김치 담그는 법을 모른다. My dad

❽ 우리 언니는 김치 담그는 법을 모른다. My sister

★ 우리말 뜻을 참고하여 영어로 표현하세요.

# He knew that jacket was too *expensive.*

그는 그 재킷이 너무 비싸다는 걸 알았다.

# Did he know that jacket was too *expensive?*

그는 그 재킷이 너무 비싸다는 걸 알았니?

응용 ❶ 그는 그 재킷이 너무 싸다는 걸 알았다. cheap

❷ 그는 그 재킷이 너무 작다는 걸 알았다. small

❸ 그는 그 재킷이 너무 크다는 걸 알았다. big

❹ 그는 그 재킷이 너무 꼭 맞다는 걸 알았다. tight

의문 ❺ 그는 그 재킷이 너무 크다는 걸 알았니? big

❻ 그는 그 재킷이 너무 싸다는 걸 알았니? cheap

❼ 그는 그 재킷이 너무 작다는 걸 알았니? small

❽ 그는 그 재킷이 너무 꼭 맞다는 걸 알았니? tight

★ 우리말 뜻을 참고하여 영어로 표현하세요.

*I know* I'll pass the test.

나는 내가 시험에 합격할 거라 확신한다.

*I don't know* I'll pass the test.

나는 내가 시험에 합격할지 확신이 없다.

I can do it!!

**응용** ① 우리 아빠는 내가 시험에 합격할 거라 확신한다. My dad

② 우리 부모님은 내가 시험에 합격할 거라 확신한다. My parents

③ 케빈은 내가 시험에 합격할 거라 확신한다. Kevin

④ 그들은 내가 시험에 합격할 거라 확신한다. They

**의문** ⑤ 케빈은 내가 시험에 합격할지 확신이 없다. Kevin

⑥ 그들은 내가 시험에 합격할지 확신이 없다. They

⑦ 우리 아빠는 내가 시험에 합격할지 확신이 없다. My dad

⑧ 우리 부모님은 내가 시험에 합격할지 확신이 없다. My parents

▶ 054

★ 우리말 뜻을 참고하여 영어로 표현하세요.

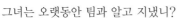

# She has known Tim *for a long time.*
그녀는 오랫동안 팀과 알고 지냈다.

# Has she known Tim *for a long time?*
그녀는 오랫동안 팀과 알고 지냈니?

**응용** ❶ 그녀는 2013년부터 팀과 알고 지냈다. since 2013

❷ 그녀는 어렸을 때부터 팀과 알고 지냈다. since childhood

❸ 그녀는 수년 동안 팀과 알고 지냈다. for many years

❹ 그녀는 대학 때부터 팀과 알고 지냈다. since college

**의문** ❺ 그녀는 수년 동안 팀과 알고 지냈니? for many years

❻ 그녀는 2013년부터 팀과 알고 지냈니? since 2013

❼ 그녀는 어렸을 때부터 팀과 알고 지냈니? since childhood

❽ 그녀는 대학 때부터 팀과 알고 지냈니? since college

# Review

# put • bring

*certainly I can!*

## **put** – 과거 *put* – 과거분사 *put*
☆ (특정한 장소 · 위치에) 놓다[두다/넣다/얹다]

*My mom **put** a book on the shelf.* 우리 엄마는 책을 선반에 놓았다.

## **bring** – 과거 *brought* – 과거분사 *brought*
☆ 가져오다, 데려오다

*He'll **bring** a present for Helen.* 그는 헬렌에게 줄 선물을 가져올 것이다.
*She **brought** her boyfriend to the party.* 그녀는 남자친구를 파티에 데려왔다.

★ 우리말 뜻을 참고하여 영어로 표현하세요.

## *She puts* the cake on the table.
그녀는 케이크를 탁자에 놓는다.

## *She doesn't put* the cake on the table.
그녀는 케이크를 탁자에 놓지 않는다.

시간 ❶ 그녀는 케이크를 탁자에 놓았다. 과거

❷ 그녀는 케이크를 탁자에 놓고 있었다. 과거진행

❸ 그녀는 케이크를 탁자에 놓았다. 현재완료

❹ 그녀는 케이크를 탁자에 놓을 것이다. 미래(will)

부정 ❺ 그녀는 케이크를 탁자에 놓지 않았다. 과거

❻ 그녀는 케이크를 탁자에 놓지 않을 것이다. 미래(will)

❼ 그녀는 케이크를 탁자에 놓고 있지 않았다. 과거진행

❽ 그녀는 케이크를 탁자에 놓지 않았다. 현재완료

★ 우리말 뜻을 참고하여 영어로 표현하세요.

## Daniel put the *book* back on the shelf.
다니엘은 책을 다시 선반에 놓았다.

## Daniel didn't put the *book* back on the shelf.
다니엘은 책을 다시 선반에 놓지 않았다.

☑ back (이전의 장소 · 상태 등으로) 다시

**응용** ❶ 다니엘은 지갑을 다시 선반에 놓았다. wallet

❷ 다니엘은 모자를 다시 선반에 놓았다. hat

❸ 다니엘은 컵을 다시 선반에 놓았다. cup

❹ 다니엘은 접시를 다시 선반에 놓았다. plate

**부정** ❺ 다니엘은 지갑을 다시 선반에 놓지 않았다. wallet

❻ 다니엘은 컵을 다시 선반에 놓지 않았다. cup

❼ 다니엘은 모자를 다시 선반에 놓지 않았다. hat

❽ 다니엘은 접시를 다시 선반에 놓지 않았다. plate

★ 우리말 뜻을 참고하여 영어로 표현하세요.

## Lisa has put the frozen *pizza* in the microwave.
리사는 냉동 피자를 전자레인지에 넣었다.

## Has Lisa put the frozen *pizza* in the microwave?
리사는 냉동 피자를 전자레인지에 넣었니?

☑ put A in B  A를 B에 넣다 · frozen 냉동의

응용 ❶ 리사는 냉동 햄버거를 전자레인지에 넣었다. hamburger

❷ 리사는 냉동 미트볼을 전자레인지에 넣었다. meatballs

❸ 리사는 냉동 스파게티를 전자레인지에 넣었다. spaghetti

❹ 리사는 냉동 닭 가슴살을 전자레인지에 넣었다. chicken breast

의문 ❺ 리사는 냉동 닭 가슴살을 전자레인지에 넣었니? chicken breast

❻ 리사는 냉동 햄버거를 전자레인지에 넣었니? hamburger

❼ 리사는 냉동 미트볼을 전자레인지에 넣었니? meatballs

❽ 리사는 냉동 스파게티를 전자레인지에 넣었니? spaghetti

★ 우리말 뜻을 참고하여 영어로 표현하세요.

*He will bring* his girlfriend
to the party.

그는 여자친구를 파티에 데려올 것이다.

*He won't bring* his girlfriend
to the party.

그는 여자친구를 파티에 데려오지 않을 것이다.

**시간** ❶ 그는 여자친구를 파티에 데려온다. 현재

❷ 그는 여자친구를 파티에 데려왔다. 과거

❸ 그는 여자친구를 파티에 데려왔다. 현재완료

❹ 그는 여자친구를 파티에 데려올 것이다. 미래(be going to)

**부정** ❺ 그는 여자친구를 파티에 데려오지 않았다. 과거

❻ 그는 여자친구를 파티에 데려오지 않았다. 현재완료

❼ 그는 여자친구를 파티에 데려오지 않는다. 현재

❽ 그는 여자친구를 파티에 데려오지 않을 것이다. 미래(be going to)

★ 우리말 뜻을 참고하여 영어로 표현하세요.

# He will bring *a dessert.*
그는 디저트를 가져갈 것이다.

# Will he bring *a dessert?*
그는 디저트를 가져갈 거니?

☑ 명사가 하나일 때, a 또는 an 붙이는 것을 잊지 마세요.

응용 ❶ 그는 선물을 가져갈 것이다. a gift

❷ 그는 케이크를 가져갈 것이다. a cake

❸ 그는 꽃을 조금 가져갈 것이다. some flowers

❹ 그는 쿠키를 조금 가져갈 것이다. some cookies

의문 ❺ 그는 쿠키를 조금 가져갈 거니? some cookies

❻ 그는 선물을 가져갈 거니? a gift

❼ 그는 케이크를 가져갈 거니? a cake

❽ 그는 꽃을 조금 가져갈 거니? some flowers

★ 우리말 뜻을 참고하여 영어로 표현하세요.

*I will bring* a dessert to her birthday party.

나는 그녀의 생일파티에 디저트를 가져갈 것이다.

*I won't bring* a dessert to her birthday party.

나는 그녀의 생일파티에 디저트를 가져가지 않을 것이다.

`시간` ① 나는 그녀의 생일파티에 디저트를 가져간다. 현재

② 나는 그녀의 생일파티에 디저트를 가져가고 있다. 현재진행

③ 나는 그녀의 생일파티에 디저트를 가져갔다. 과거

④ 나는 그녀의 생일파티에 디저트를 가져갔다. 현재완료

`부정` ⑤ 나는 그녀의 생일파티에 디저트를 안 가져갔다. 과거

⑥ 나는 그녀의 생일파티에 디저트를 안 가져간다. 현재

⑦ 나는 그녀의 생일파티에 디저트를 안 가져가고 있다. 현재진행

⑧ 나는 그녀의 생일파티에 디저트를 안 가져갔다. 현재완료

# Review

**055 - 060** 그림을 보고 영어로 말해 보세요.

055

056

057

058

059

060

look

Certainly I can!

시작    월    일    :

마침    월    일    :

## **look** - 과거 *looked* - 과거분사 *looked*

☆ 보다, 바라보다, 쳐다보다

*He* **looked** *at me.* 그가 나를 보았다. (※ 이때는 주로 at과 함께 사용해요.)

☆ (발견하기 위해) 찾다, 찾아보다

*I'm* **looking** *for my glasses.* 나는 안경을 찾고 있다. (※ 이때는 주로 for와 함께 사용해요.)

☆ …해[처럼] 보이다, (보기에) …한 것 같다

*She* **looks** *happy.* 그녀는 행복해 보인다.

☆ (겉으로 보기에) …인 것 같다

*It* **looks** *like rain.* 비가 올 것 같다.

**Tip**   look과 see는 뜻이 같나요?
look은 자기 스스로 보는 행동을 말해요. 하지만 see는 나의 의지와 상관없이 보게 되는 것이에요.
- I looked at a girl. 나는 여자아이를 (쳐다)봤다.
- I opened the door, and I saw the newspaper. (내가) 문을 열었더니 신문이 보였다.

★ 우리말 뜻을 참고하여 영어로 표현하세요.

# I looked at *the sea.*
나는 바다를 봤다.

# I didn't look at *the sea.*
나는 바다를 보지 않았다.

응용 ❶ 나는 거울을 봤다. the mirror

❷ 나는 칠판을 봤다. the blackboard

❸ 나는 달력을 봤다. the calendar

❹ 나는 내 휴대전화기를 봤다. my cellphone

부정 ❺ 나는 칠판을 보지 않았다. the blackboard

❻ 나는 거울을 보지 않았다. the mirror

❼ 나는 내 휴대전화기를 보지 않았다. my cellphone

❽ 나는 달력을 보지 않았다. the calendar

★ 우리말 뜻을 참고하여 영어로 표현하세요.

*Everyone is looking* at me.

모든 사람이 나를 쳐다보고 있다.

*Is everyone looking* at me?

모든 사람이 나를 쳐다보고 있니?

시간 ❶ 모든 사람이 나를 쳐다본다. 현재

❷ 모든 사람이 나를 쳐다보았다. 과거

❸ 모든 사람이 나를 쳐다보고 있었다. 과거진행

❹ 모든 사람이 나를 쳐다보았다. 현재완료

의문 ❺ 모든 사람이 나를 쳐다보고 있었니? 과거진행

❻ 모든 사람이 나를 쳐다보니? 현재

❼ 모든 사람이 나를 쳐다보았니? 과거

❽ 모든 사람이 나를 쳐다보았니? 현재완료

★ 우리말 뜻을 참고하여 영어로 표현하세요.

## *I have been looking* for my pet.
나는 내 애완동물을 찾고 있었다.

## *I haven't been looking* for my pet.
나는 내 애완동물을 찾고 있지 않았다.

**시간** ❶ 나는 내 애완동물을 찾았다. 과거

❷ 나는 내 애완동물을 찾고 있었다. 과거진행

❸ 나는 내 애완동물을 찾는 중이다. 현재진행

❹ 나는 내 애완동물을 찾는다. 현재

**부정** ❺ 나는 내 애완동물을 찾고 있지 않았다. 과거진행

❻ 나는 내 애완동물을 찾고 있지 않다. 현재진행

❼ 나는 내 애완동물을 찾지 않았다. 과거

❽ 나는 내 애완동물을 찾지 않는다. 현재

★ 우리말 뜻을 참고하여 영어로 표현하세요.

## *She looks* tired.
그녀는 피곤해 보인다.

## *Does she look* tired?
그녀는 피곤해 보이니?

**일치** ❶ 우리 선생님은 피곤해 보인다. My teacher

❷ 우리 아빠는 피곤해 보인다. My dad

❸ 그 학생들은 피곤해 보인다. The students

❹ 그들은 피곤해 보인다. They

**의문** ❺ 그들은 피곤해 보이니? they

❻ 우리 선생님은 피곤해 보이니? my teacher

❼ 우리 아빠는 피곤해 보이니? my dad

❽ 그 학생들은 피곤해 보이니? the students

★ 우리말 뜻을 참고하여 영어로 표현하세요.

*Jenny* looks like a movie star today.

오늘 제니는 영화배우 같다.

Doesn't *Jenny* look like a movie star today?

오늘 제니가 영화배우 같지 않니?

☑ like …처럼, 같이 • 「Doesn't+주어+동사 ~?」 … 않니?

**응용** ❶ 오늘 그의 아버지는 영화배우 같다. His father

❷ 오늘 그녀의 오빠는 영화배우 같다. Her brother

❸ 오늘 스티브는 영화배우 같다. Steve

❹ 오늘 그녀는 영화배우 같다. She

**의문** ❺ 오늘 그녀의 오빠는 영화배우 같지 않니? her brother

❻ 오늘 스티브는 영화배우 같지 않니? Steve

❼ 오늘 그의 아버지는 영화배우 같지 않니? his father

❽ 오늘 그녀는 영화배우 같지 않니? she

★ 우리말 뜻을 참고하여 영어로 표현하세요.

It looks like a good *idea.*
그것은 좋은 생각인 것 같다.

It doesn't look like a good *idea.*
그것은 좋은 생각이 아닌 것 같다.

**응용** ❶ 그것은 좋은 선택인 것 같다. choice

❷ 그것은 좋은 계획인 것 같다. plan

❸ 그것은 좋은 취미인 것 같다. hobby

❹ 그것은 좋은 책인 것 같다. book

**부정** ❺ 그것은 좋은 계획이 아닌 것 같다. plan

❻ 그것은 좋은 선택이 아닌 것 같다. choice

❼ 그것은 좋은 책이 아닌 것 같다. book

❽ 그것은 좋은 취미가 아닌 것 같다. hobby

# Review

## 061-066 그림을 보고 영어로 말해 보세요.

**061**

**062**

**063**

**064**

**065**

**066**

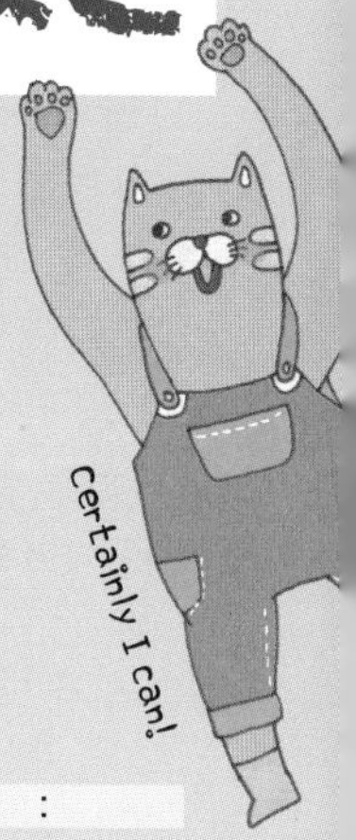

certainly I can!

## like – 과거 *liked* – 과거분사 *liked*

☆ (…을) 좋아하다, 마음에 들어 하다

I **like** *cookies*. 나는 쿠키를 좋아한다.

I **like** *this sweater*. 나는 이 스웨터가 마음에 든다.

☆ … 하기를 좋아하다, … 하는 것을 좋아하다

I **like** *reading comic books*. 나는 만화책 읽기를 좋아한다.

I **like** *to read comic books*. 나는 만화책 읽는 것을 좋아한다.

(※ like 다음에 「동사원형+-ing」 또는 「to+동사원형」이 올 수 있어요.)

★ 우리말 뜻을 참고하여 영어로 표현하세요.

# She likes *vanilla* ice cream.
그녀는 바닐라 아이스크림을 좋아한다.

# She doesn't like *vanilla* ice cream.
그녀는 바닐라 아이스크림을 좋아하지 않는다.

**응용** ① 그녀는 딸기 아이스크림을 좋아한다. strawberry

② 그녀는 초콜릿 아이스크림을 좋아한다. chocolate

③ 그녀는 호두 아이스크림을 좋아한다. walnut

④ 그녀는 녹차 아이스크림을 좋아한다. green tea

**부정** ⑤ 그녀는 딸기 아이스크림을 좋아하지 않는다. strawberry

⑥ 그녀는 녹차 아이스크림을 좋아하지 않는다. green tea

⑦ 그녀는 초콜릿 아이스크림을 좋아하지 않는다. chocolate

⑧ 그녀는 호두 아이스크림을 좋아하지 않는다. walnut

☆ 우리말 뜻을 참고하여 영어로 표현하세요.

# *They all liked* the concert.
그들은 모두 그 공연을 좋아했다.

# *Did they all like* the concert?
그들은 모두 그 공연을 좋아했니?

☑ They와 동격인 all은 '모두'라는 뜻으로 대체적으로 일반동사 앞에, be동사 뒤에 써요.

**시간** ❶ 그들은 모두 그 공연을 좋아한다. 현재

❷ 그들은 모두 그 공연을 좋아했다. 현재완료

❸ 그들은 모두 그 공연을 좋아할 것이다. 미래(will)

❹ 그들은 모두 그 공연을 좋아할 것이다. 미래(be going to)

**의문** ❺ 그들은 모두 그 공연을 좋아할까? 미래(will)

❻ 그들은 모두 그 공연을 좋아했니? 현재완료

❼ 그들은 모두 그 공연을 좋아하니? 현재

❽ 그들은 모두 그 공연을 좋아할까? 미래(be going to)

★ 우리말 뜻을 참고하여 영어로 표현하세요.

# He likes reading *fantasy* books.
그는 판타지 책들을 읽는 걸 좋아한다.

# Does he like reading *fantasy* books?
그는 판타지 책들을 읽는 걸 좋아하니?

**응용** ❶ 그는 그림책들을 읽는 걸 좋아한다. picture

❷ 그는 만화책들을 읽는 걸 좋아한다. comic

❸ 그는 역사책들을 읽는 걸 좋아한다. history

❹ 그는 과학책들을 읽는 걸 좋아한다. science

**의문** ❺ 그는 그림책들을 읽는 걸 좋아하니? picture

❻ 그는 역사책들을 읽는 걸 좋아하니? history

❼ 그는 만화책들을 읽는 걸 좋아하니? comic

❽ 그는 과학책들을 읽는 걸 좋아하니? science

★ 우리말 뜻을 참고하여 영어로 표현하세요.

***He likes*** reading books, such as ***Harry Potter***.
그는 『해리포터』 같은 책들을 읽는 걸 좋아한다.

***He doesn't like*** reading books,
such as ***Harry Potter***.
그는 『해리포터』 같은 책들을 읽는 걸 좋아하지 않는다.

☑ such as … 같은

**일치** ❶ 내 여동생은 『해리포터』 같은 책들을 읽는 걸 좋아한다. My sister

❷ 케빈은 『해리포터』 같은 책들을 읽는 걸 좋아한다. Kevin

❸ 그들은 『해리포터』 같은 책들을 읽는 걸 좋아한다. They

❹ 내 친구는 『해리포터』 같은 책들을 읽는 걸 좋아한다. My friend

**부정** ❺ 내 친구는 『해리포터』 같은 책들을 읽는 걸 좋아하지 않는다. My friend

❻ 케빈은 『해리포터』 같은 책들을 읽는 걸 좋아하지 않는다. Kevin

❼ 내 여동생은 『해리포터』 같은 책들을 읽는 걸 좋아하지 않는다. My sister

❽ 그들은 『해리포터』 같은 책들을 읽는 걸 좋아하지 않는다. They

★ 우리말 뜻을 참고하여 영어로 표현하세요.

# I like to *watch TV.*
나는 텔레비전 보는 걸 좋아한다.

# I don't like to *watch TV.*
나는 텔레비전 보는 걸 좋아하지 않는다.

**응용** ❶ 나는 책 읽는 걸 좋아한다. read books

❷ 나는 축구 하는 걸 좋아한다. play soccer

❸ 나는 게임 하는 걸 좋아한다. play games

❹ 나는 영화 보는 걸 좋아한다. watch movies

**부정** ❺ 나는 게임 하는 걸 좋아하지 않는다. play games

❻ 나는 영화 보는 걸 좋아하지 않는다. watch movies

❼ 나는 책 읽는 걸 좋아하지 않는다. read books

❽ 나는 축구 하는 걸 좋아하지 않는다. play soccer

★ 우리말 뜻을 참고하여 영어로 표현하세요.

## *He likes* to watch TV after dinner.
그는 저녁 식사 후에 텔레비전 보는 걸 좋아한다.

## *Does he like* to watch TV after dinner?
그는 저녁 식사 후에 텔레비전 보는 걸 좋아하니?

**일치** ❶ 에밀리는 저녁 식사 후에 텔레비전 보는 걸 좋아한다. Emily

❷ 그 아이들은 저녁 식사 후에 텔레비전 보는 걸 좋아한다. The children

❸ 그녀의 가족은 저녁 식사 후에 텔레비전 보는 걸 좋아한다. Her family

❹ 그의 아버지는 저녁 식사 후에 텔레비전 보는 걸 좋아한다. His father

**의문** ❺ 그 아이들은 저녁 식사 후에 텔레비전 보는 걸 좋아하니? the children

❻ 에밀리는 저녁 식사 후에 텔레비전 보는 걸 좋아하니? Emily

❼ 그의 아버지는 저녁 식사 후에 텔레비전 보는 걸 좋아하니? his father

❽ 그녀의 가족은 저녁 식사 후에 텔레비전 보는 걸 좋아하니? her family

# Review

**067 - 072** 그림을 보고 영어로 말해 보세요.

keep · hold

certainly I can!

# keep – 과거 *kept* – 과거분사 *kept*

☆ …을 보관하다, 간직하다

*You can* **keep** *the change.* 네가 잔돈은 가져라.

*My mom* **keeps** *old things.* 우리 엄마는 오래된 것들을 간직하신다.

*He* **kept** *a pen in his pocket.* 그는 그의 주머니에 펜을 넣고 다녔다.

☆ …을 계속하다, 반복하다 (keep+-ing)

*The baby* **kept** *crying.* 아기가 계속 울었다.

*She* **keeps** *singing.* 그녀는 계속 노래한다.

# hold – 과거 *held* – 과거분사 *held*

☆ (손·팔 등으로) 잡고[쥐고/들고/안고/받치고] 있다

*I was* **holding** *the bag.* 나는 그 가방을 들고 있었다.

*She is* **holding** *a baby.* 그녀는 아기를 안고 있다.

★ 우리말 뜻을 참고하여 영어로 표현하세요.

## *He keeps* the photo albums.
그는 사진첩들을 보관한다.

## *He doesn't keep* the photo albums.
그는 사진첩들을 보관하지 않는다.

**시간** ❶ 그는 사진첩들을 보관했다. 과거

❷ 그는 사진첩들을 보관하였다. 현재완료

❸ 그는 사진첩들을 보관하고 있었다. 현재완료진행

❹ 그는 사진첩들을 보관할 것이다. 미래(will)

**부정** ❺ 그는 사진첩들을 보관하지 않고 있었다. 현재완료진행

❻ 그는 사진첩들을 보관하지 않을 것이다. 미래(will)

❼ 그는 사진첩들을 보관하지 않았다. 과거

❽ 그는 사진첩들을 보관하지 않았다. 현재완료

★ 우리말 뜻을 참고하여 영어로 표현하세요.

## *He keeps* the photo albums on the shelf.

그는 사진첩들을 선반에 보관한다.

## *Does he keep* the photo albums on the shelf?

그는 사진첩들을 선반에 보관하니?

**일치** ❶ 엄마는 사진 앨범들을 선반에 보관한다. Mom

❷ 그의 친구는 사진 앨범들을 선반에 보관한다. His friend

❸ 그들은 사진 앨범들을 선반에 보관한다. They

❹ 다니엘은 사진 앨범들을 선반에 보관한다. Daniel

**의문** ❺ 그들은 사진 앨범들을 선반에 보관하니? they

❻ 다니엘은 사진 앨범들을 선반에 보관하니? Daniel

❼ 엄마는 사진 앨범들을 선반에 보관하니? Mom

❽ 그의 친구는 사진 앨범들을 선반에 보관하니? his friend

★ 우리말 뜻을 참고하여 영어로 표현하세요.

## *She keeps* smiling.
그녀는 계속 웃는다.

## *She doesn't keep* smiling.
그녀는 계속 웃지 않는다.

☑ smile 미소 짓다

시간 ❶ 그녀는 계속 웃었다. 과거

❷ 그녀는 계속 웃었다. 현재완료

❸ 그녀는 계속 웃을 것이다. 미래(be going to)

❹ 그녀는 계속 웃을 것이다. 미래(will)

부정 ❺ 그녀는 계속 웃지 않을 것이다. 미래(will)

❻ 그녀는 계속 웃지 않았다. 현재완료

❼ 그녀는 계속 웃지 않았다. 과거

❽ 그녀는 계속 웃지 않을 것이다. 미래(be going to)

★ 우리말 뜻을 참고하여 영어로 표현하세요.

## *She kept* smiling during an interview.
그녀는 면접 내내 미소를 지었다.

## *Did she keep* smiling during an interview?
그녀는 면접 내내 미소를 지었니?

☑ during ~하는 동안 · interview 면접

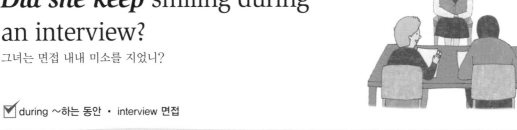

**일치** ❶ 에밀리는 면접 내내 미소를 지었다. Emily

❷ 그는 면접 내내 미소를 지었다. He

❸ 그들은 면접 내내 미소를 지었다. They

❹ 스티브는 면접 내내 미소를 지었다. Steve

**의문** ❺ 에밀리는 면접 내내 미소를 지었니? Emily

❻ 그는 면접 내내 미소를 지었니? he

❼ 그들은 면접 내내 미소를 지었니? they

❽ 스티브는 면접 내내 미소를 지었니? Steve

⭐ 우리말 뜻을 참고하여 영어로 표현하세요.

*He is holding* a pear.

그는 배를 한 개 들고 있다.

*He isn't holding* a pear.

그는 배를 한 개 들고 있지 않다.

【시간】 ❶ 그는 배를 한 개 들었다. 현재완료

❷ 그는 배를 한 개 들었다. 과거

❸ 그는 배를 한 개 들고 있었다. 과거진행

❹ 그는 배를 한 개 들 것이다. 미래(be going to)

【부정】 ❺ 그는 배를 한 개 들지 않았다. 현재완료

❻ 그는 배를 한 개 들고 있지 않았다. 과거진행

❼ 그는 배를 한 개 들지 않았다. 과거

❽ 그는 배를 한 개 들지 않을 것이다. 미래(be going to)

★ 우리말 뜻을 참고하여 영어로 표현하세요.

# He held the *kitten* for a second.
그는 새끼 고양이를 잠시 안았다.

# Did he hold the *kitten* for a second?
그는 새끼 고양이를 잠시 안았니?

☑ for a second 잠시, 잠깐

**응용** ❶ 그는 강아지를 잠시 안았다. puppy

❷ 그는 개를 잠시 안았다. dog

❸ 그는 귀여운 개를 잠시 안았다. cute dog

❹ 그는 아기를 잠시 안았다. baby

**의문** ❺ 그는 귀여운 개를 잠시 안았니? cute dog

❻ 그는 아기를 잠시 안았니? baby

❼ 그는 강아지를 잠시 안았니? puppy

❽ 그는 개를 잠시 안았니? dog

# Review

**073-078** 그림을 보고 영어로 말해 보세요.

073

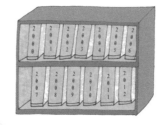
074

075

076

077

078

give

Certainly I can!

## give – 과거 *gave* – 과거분사 *given*

☆ …을 주다

*I **gave** him a book.* 나는 그에게 책 한 권을 주었다.(give+받는 사람+주는 물건)

*I **gave** a book to him.* 나는 그에게 책 한 권을 주었다.(give+주는 물건+to+받는 사람)

☆ (파티 등을) 하다, 개최하다

*The company will **give** a party.* 그 회사는 파티를 개최할 것이다.

☆ (특정한 행동을 나타내는 명사와 함께 쓰여 그런 행동을) 하다

*She **gave** me a kiss.* 그녀는 내게 뽀뽀를 하였다.

★ 우리말 뜻을 참고하여 영어로 표현하세요.

***The store gives*** free coupons.

그 가게는 무료 쿠폰들을 준다.

***The store doesn't give*** free coupons.

그 가게는 무료 쿠폰들을 주지 않는다.

☑ free 무료의

**시간** ❶ 그 가게는 무료 쿠폰들을 주었다. 과거

❷ 그 가게는 무료 쿠폰들을 주었다. 현재완료

❸ 그 가게는 무료 쿠폰들을 줄 것이다. 미래(be going to)

❹ 그 가게는 무료 쿠폰들을 주고 있다. 현재진행

**부정** ❺ 그 가게는 무료 쿠폰들을 주지 않았다. 과거

❻ 그 가게는 무료 쿠폰들을 주지 않고 있다. 현재진행

❼ 그 가게는 무료 쿠폰들을 주지 않을 것이다. 미래(be going to)

❽ 그 가게는 무료 쿠폰들을 주지 않았다. 현재완료

★ 우리말 뜻을 참고하여 영어로 표현하세요.

> # Emily's *aunt* gave her a hug.
> 에밀리의 고모가 그녀를 안아주었다.
>
> # Did Emily's *aunt* give her a hug?
> 에밀리의 고모가 그녀를 안아주었니?
>
> ☑ 사람 이름's …의 • hug 포옹

**응용** ❶ 에밀리의 엄마가 그녀를 안아주었다. mom

❷ 에밀리의 아빠가 그녀를 안아주었다. dad

❸ 에밀리의 할아버지가 그녀를 안아주었다. grandpa

❹ 에밀리의 할머니가 그녀를 안아주었다. grandma

**의문** ❺ 에밀리의 아빠가 그녀를 안아주었니? dad

❻ 에밀리의 엄마가 그녀를 안아주었니? mom

❼ 에밀리의 할머니가 그녀를 안아주었니? grandma

❽ 에밀리의 할아버지가 그녀를 안아주었니? grandpa

★ 우리말 뜻을 참고하여 영어로 표현하세요.

# His father gave *a present* to him.
그의 아버지가 그에게 선물을 주셨다.

# Did his father give *a present* to him?
그의 아버지가 그에게 선물을 주셨니?

응용 ❶ 그의 아버지가 그에게 새 자전거를 주셨다. a new bike

❷ 그의 아버지가 그에게 태플릿 PC를 주셨다. a tablet

❸ 그의 아버지가 그에게 재킷을 주셨다. a jacket

❹ 그의 아버지가 그에게 휴대전화기를 주셨다. a cellphone

의문 ❺ 그의 아버지가 그에게 태플릿 PC를 주셨니? a tablet

❻ 그의 아버지가 그에게 새 자전거를 주셨니? a new bike

❼ 그의 아버지가 그에게 재킷을 주셨니? a jacket

❽ 그의 아버지가 그에게 휴대전화기를 주셨니? a cellphone

★ 우리말 뜻을 참고하여 영어로 표현하세요.

## *My father gave* me a present on my birthday.
내 생일에 우리 아버지가 내게 선물을 주셨다.

## *My father didn't give* me a present on my birthday.
내 생일에 우리 아버지는 내게 선물을 주지 않으셨다.

☑ on one's birthday ...의 생일에

**일치** ❶ 내 생일에 우리 어머니가 내게 선물을 주셨다. My mother

❷ 내 생일에 우리 부모님이 내게 선물을 주셨다. My parents

❸ 내 생일에 우리 삼촌이 내게 선물을 주셨다. My uncle

❹ 내 생일에 우리 할아버지가 내게 선물을 주셨다. My grandpa

**부정** ❺ 내 생일에 우리 어머니는 내게 선물을 주지 않으셨다. My mother

❻ 내 생일에 우리 삼촌은 내게 선물을 주지 않으셨다. My uncle

❼ 내 생일에 우리 할아버지는 내게 선물을 주지 않으셨다. My grandpa

❽ 내 생일에 우리 부모님은 내게 선물을 주지 않으셨다. My parents

★ 우리말 뜻을 참고하여 영어로 표현하세요.

### *We're going to give* a surprise party.
우리는 깜짝 파티를 열 것이다.

### *We're not going to give*
### a surprise party.
우리는 깜짝 파티를 열지 않을 것이다.

☑ surprise 놀람

**시간** ❶ 우리는 깜짝 파티를 열었다. 과거

❷ 우리는 깜짝 파티를 열고 있다. 현재진행

❸ 우리는 깜짝 파티를 열 것이다. 미래(will)

❹ 우리는 깜짝 파티를 열었다. 현재완료

**부정** ❺ 우리는 깜짝 파티를 열지 않았다. 과거

❻ 우리는 깜짝 파티를 열지 않을 것이다. 미래(will)

❼ 우리는 깜짝 파티를 열고 있지 않다. 현재진행

❽ 우리는 깜짝 파티를 열지 않았다. 현재완료

★ 우리말 뜻을 참고하여 영어로 표현하세요.

*They are going to give*
a surprise party for Hannah.
그들은 한나에게 깜짝 파티를 해줄 것이다.

*Are they going to give*
a surprise party for Hannah?
그들은 한나에게 깜짝 파티를 해줄 것이니?

`일치` ❶ 그녀의 가족은 한나에게 깜짝 파티를 해줄 것이다. Her family

❷ 그녀의 친구들은 한나에게 깜짝 파티를 해줄 것이다. Her friends

❸ 그녀의 부모님은 한나에게 깜짝 파티를 해줄 것이다. Her parents

❹ 그녀의 남자친구는 한나에게 깜짝 파티를 해줄 것이다. Her boyfriend

`의문` ❺ 그녀의 친구들은 한나에게 깜짝 파티를 해줄 것이니? her friends

❻ 그녀의 가족은 한나에게 깜짝 파티를 해줄 것이니? her family

❼ 그녀의 남자친구는 한나에게 깜짝 파티를 해줄 것이니? her boyfriend

❽ 그녀의 부모님은 한나에게 깜짝 파티를 해줄 것이니? her parents

# Review

**079-084** 그림을 보고 영어로 말해 보세요.

*help*

*Certainly I can!*

**시작** [ ] 월 [ ] 일 [ ] : [ ]

**마침** [ ] 월 [ ] 일 [ ] : [ ]

# **help** – 과거 *helped* – 과거분사 *helped*

☆ 돕다, 도와주다

*Mom* **helps** *me.* 엄마가 나를 도와준다.

*Mom helps my homework.* (❌ help 뒤에 사물이 곧장 올 수 없어요!)

*Mom* **helps** *me with my homework.* 엄마가 내 숙제를 도와준다.

*Mom* **helps** *with my homework.* 엄마가 내 숙제를 도와준다.

(※ 「help+(사람 목적어)+with+사물」의 형태로 써요.)

☆ …하는 것을 돕다

*My friend* **helped** *(to) wrap the present.* 내 친구가 선물을 포장하는 걸 도와주었다.

*My friend* **helped** *me (to) wrap the present.*

내 친구는 내가 선물을 포장하는 걸 도와주었다.

(※ help 뒤에 「to+동사원형」 또는 동사원형의 형태로 써요.)

★ 우리말 뜻을 참고하여 영어로 표현하세요.

*Jenny's sister helps* her.
제니의 언니가 그녀를 도와준다.

*Does Jenny's sister help* her?
제니의 언니가 그녀를 도와주니?

**시간** ❶ 제니의 언니가 그녀를 도와줬다. 과거

❷ 제니의 언니가 그녀를 도와줬다. 현재완료

❸ 제니의 언니가 그녀를 도와주고 있었다. 과거진행

❹ 제니의 언니가 그녀를 도와주고 있다. 현재진행

**의문** ❺ 제니의 언니가 그녀를 도와줬니? 과거

❻ 제니의 언니가 그녀를 도와주고 있니? 현재진행

❼ 제니의 언니가 그녀를 도와주고 있었니? 과거진행

❽ 제니의 언니가 그녀를 도와줬니? 현재완료

★ 우리말 뜻을 참고하여 영어로 표현하세요.

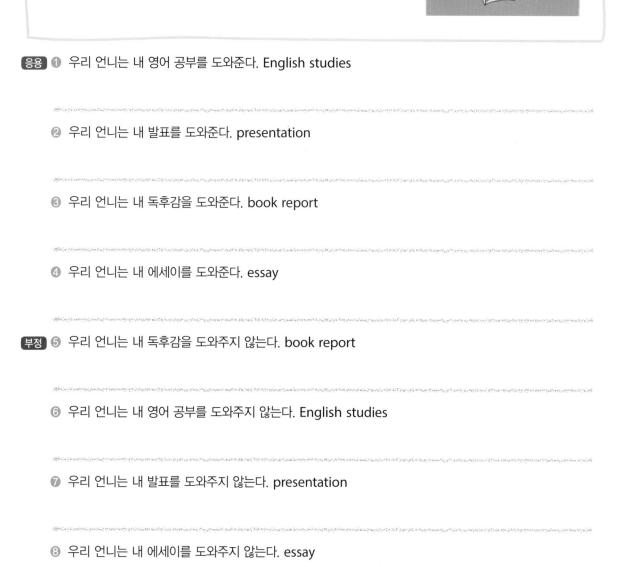

# My sister helps me with my *homework.*
우리 언니는 내 숙제를 도와준다.

# My sister doesn't help me with my *homework.*
우리 언니는 내 숙제를 도와주지 않는다.

**응용** ❶ 우리 언니는 내 영어 공부를 도와준다. English studies

❷ 우리 언니는 내 발표를 도와준다. presentation

❸ 우리 언니는 내 독후감을 도와준다. book report

❹ 우리 언니는 내 에세이를 도와준다. essay

**부정** ❺ 우리 언니는 내 독후감을 도와주지 않는다. book report

❻ 우리 언니는 내 영어 공부를 도와주지 않는다. English studies

❼ 우리 언니는 내 발표를 도와주지 않는다. presentation

❽ 우리 언니는 내 에세이를 도와주지 않는다. essay

▶ 087

★ 우리말 뜻을 참고하여 영어로 표현하세요.

*My sister helps* me clean the house.

우리 언니는 내가 집을 청소하는 걸 도와준다.

*My sister doesn't help* me clean the house.

우리 언니는 내가 집을 청소하는 걸 도와주지 않는다.

**일치** ❶ 내 남동생은 내가 집을 청소하는 걸 도와준다. My brother

❷ 우리 아빠는 내가 집을 청소하는 걸 도와준다. My dad

❸ 그들은 내가 집을 청소하는 걸 도와준다. They

❹ 에밀리는 내가 집을 청소하는 걸 도와준다. Emily

**부정** ❺ 우리 아빠는 내가 집을 청소하는 걸 도와주지 않는다. My dad

❻ 그들은 내가 집을 청소하는 걸 도와주지 않는다. They

❼ 내 남동생은 내가 집을 청소하는 걸 도와주지 않는다. My brother

❽ 에밀리는 내가 집을 청소하는 걸 도와주지 않는다. Emily

★ 우리말 뜻을 참고하여 영어로 표현하세요.

*Sophia has* sometimes *helped* with housework.
소피아는 가끔 집안일을 도왔다.

*Has Sophia* sometimes *helped* with housework?
소피아는 가끔 집안일을 도왔니?

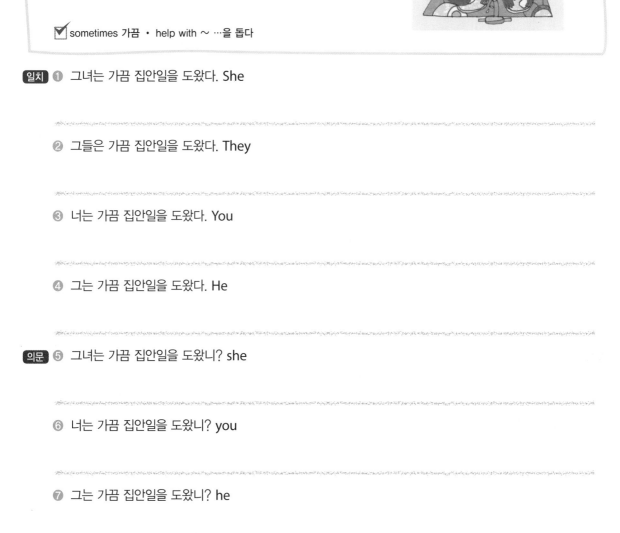

☑ sometimes 가끔 • help with ~ …을 돕다

**일치** ❶ 그녀는 가끔 집안일을 도왔다. She

❷ 그들은 가끔 집안일을 도왔다. They

❸ 너는 가끔 집안일을 도왔다. You

❹ 그는 가끔 집안일을 도왔다. He

**의문** ❺ 그녀는 가끔 집안일을 도왔니? she

❻ 너는 가끔 집안일을 도왔니? you

❼ 그는 가끔 집안일을 도왔니? he

❽ 그들은 가끔 집안일을 도왔니? they

★ 우리말 뜻을 참고하여 영어로 표현하세요.

*They are helping* move the desk.
그들은 책상을 옮기는 걸 돕고 있다.

*Are they helping* move the desk?
그들은 책상을 옮기는 걸 돕고 있니?

☑ 「help+동사원형」 …하는 걸 돕다

[시간] ❶ 그들은 책상을 옮기는 걸 도왔다. 과거


❷ 그들은 책상을 옮기는 걸 돕는다. 현재


❸ 그들은 책상을 옮기는 걸 도왔다. 현재완료


❹ 그들은 책상을 옮기는 걸 도울 것이다. 미래(be going to)


[의문] ❺ 그들은 책상을 옮기는 걸 돕니? 현재


❻ 그들은 책상을 옮기는 걸 도왔니? 현재완료


❼ 그들은 책상을 옮기는 걸 도왔니? 과거


❽ 그들은 책상을 옮기는 걸 도울 것이니? 미래(be going to)

★ 우리말 뜻을 참고하여 영어로 표현하세요.

# We are helping *her* move the desk.
우리는 그녀가 책상을 옮기는 걸 돕고 있다.

# We aren't helping *her* move the desk.
우리는 그녀가 책상을 옮기는 걸 돕고 있지 않다.

☑ 「help+사람 목적어+동사원형」 누가 …하는 걸 돕다

**응용** ❶ 우리는 그가 책상을 옮기는 걸 돕고 있다. him

❷ 우리는 케빈이 책상을 옮기는 걸 돕고 있다. Kevin

❸ 우리는 그들이 책상을 옮기는 걸 돕고 있다. them

❹ 우리는 그 여자가 책상을 옮기는 걸 돕고 있다. the woman

**부정** ❺ 우리는 그들이 책상을 옮기는 걸 돕고 있지 않다. them

❻ 우리는 그 여자가 책상을 옮기는 걸 돕고 있지 않다. the woman

❼ 우리는 그가 책상을 옮기는 걸 돕고 있지 않다. him

❽ 우리는 케빈이 책상을 옮기는 걸 돕고 있지 않다. Kevin

# Review

**085-090** 그림을 보고 영어로 말해 보세요.

certainly I can!

| 시작 | 월 | 일 | : |
|------|------|------|------|
| 마침 | 월 | 일 | : |

# wait - 과거 *waited* - 과거분사 *waited*

☆ 기다리다

*I'll* **wait** *outside.* 나는 밖에서 기다릴 것이다.

☆ …을 기다리다 (*wait for ~)

*We've been* **waiting** *for her.* 우리는 그녀를 기다리고 있었다. (wait for+사람)

*She was* **waiting** *for the rain to stop.* 그녀는 비가 그치길 기다리고 있었다.

(wait for+어떤 것+to 동사원형)

⭐ 우리말 뜻을 참고하여 영어로 표현하세요.

## She is waiting for her *boyfriend.*
그녀는 그녀의 남자친구를 기다리고 있다.

## She isn't waiting for her *boyfriend.*
그녀는 그녀의 남자친구를 기다리고 있지 않다.

응용 ❶ 그녀는 그녀의 어머니를 기다리고 있다. mother

❷ 그녀는 그녀의 가장 친한 친구를 기다리고 있다. best friend

❸ 그녀는 그녀의 언니를 기다리고 있다. sister

❹ 그녀는 그녀의 사촌을 기다리고 있다. cousin

부정 ❺ 그녀는 그녀의 가장 친한 친구를 기다리고 있지 않다. best friend

❻ 그녀는 그녀의 어머니를 기다리고 있지 않다. mother

❼ 그녀는 그녀의 사촌을 기다리고 있지 않다. cousin

❽ 그녀는 그녀의 언니를 기다리고 있지 않다. sister

★ 우리말 뜻을 참고하여 영어로 표현하세요.

# *The class is waiting* for lunch.
그 반은 점심시간을 기다리고 있다.

# *Is the class waiting* for lunch?
그 반은 점심시간을 기다리고 있니?

**시간** ❶ 그 반은 점심시간을 기다린다. 현재

❷ 그 반은 점심시간을 기다렸다. 과거

❸ 그 반은 점심시간을 기다렸다. 현재완료

❹ 그 반은 점심시간을 기다리고 있었다. 과거진행

**의문** ❺ 그 반은 점심시간을 기다렸니? 현재완료

❻ 그 반은 점심시간을 기다리고 있었니? 과거진행

❼ 그 반은 점심시간을 기다리니? 현재

❽ 그 반은 점심시간을 기다렸니? 과거

★ 우리말 뜻을 참고하여 영어로 표현하세요.

*He has been waiting* for the letter.

그는 편지를 기다리고 있었다.

*He has not been waiting*
for the letter.

그는 편지를 기다리고 있지 않았다.

**시간** ❶ 그는 편지를 기다린다. 현재

❷ 그는 편지를 기다리고 있다. 현재진행

❸ 그는 편지를 기다렸다. 과거

❹ 그는 편지를 기다리고 있었다. 과거진행

**부정** ❺ 그는 편지를 기다리고 있지 않다. 현재진행

❻ 그는 편지를 기다리지 않았다. 과거

❼ 그는 편지를 기다리고 있지 않았다. 과거진행

❽ 그는 편지를 기다리지 않는다. 현재

★ 우리말 뜻을 참고하여 영어로 표현하세요.

**He waited** for the exam results.

그는 시험 결과를 기다렸다.

**Did he wait** for the exam results?

그는 시험 결과를 기다렸니?

**일치** ① 스티브는 시험 결과를 기다렸다. Steve

② 그의 친구는 시험 결과를 기다렸다. His friend

③ 그의 친구 스티브는 시험 결과를 기다렸다. His friend Steve

④ 그들은 시험 결과를 기다렸다. They

**의문** ⑤ 그의 친구는 시험 결과를 기다렸니? his friend

⑥ 그의 친구 스티브는 시험 결과를 기다렸니? his friend Steve

⑦ 스티브는 시험 결과를 기다렸니? Steve

⑧ 그들은 시험 결과를 기다렸니? they

★ 우리말 뜻을 참고하여 영어로 표현하세요.

# People are waiting for the *bus.*
사람들이 버스를 기다리고 있다.

# Are people waiting for the *bus?*
사람들이 버스를 기다리고 있니?

**응용** ❶ 사람들이 기차를 기다리고 있다. train

❷ 사람들이 지하철을 기다리고 있다. subway

❸ 사람들이 비행기를 기다리고 있다. plane

❹ 사람들이 배를 기다리고 있다. boat

**의문** ❺ 사람들이 비행기를 기다리고 있니? plane

❻ 사람들이 기차를 기다리고 있니? train

❼ 사람들이 지하철을 기다리고 있니? subway

❽ 사람들이 배를 기다리고 있니? boat

★ 우리말 뜻을 참고하여 영어로 표현하세요.

## *People are waiting* in line for the bus.
사람들이 줄을 서서 버스를 기다리고 있다.

## *People are not waiting* in line for the bus.
사람들이 줄을 서서 버스를 기다리고 있지 않다.

☑ wait in line 줄을 서서 기다리다

**시간** ❶ 사람들이 줄을 서서 버스를 기다렸다. 과거

❷ 사람들이 줄을 서서 버스를 기다리고 있었다. 과거진행

❸ 사람들이 줄을 서서 버스를 기다렸다. 현재완료

❹ 사람들이 줄을 서서 버스를 기다리고 있었다. 현재완료진행

**부정** ❺ 사람들이 줄을 서서 버스를 기다리지 않았다. 과거

❻ 사람들이 줄을 서서 버스를 기다리고 있지 않았다. 과거진행

❼ 사람들이 줄을 서서 버스를 기다리지 않았다. 현재완료

❽ 사람들이 줄을 서서 버스를 기다리고 있지 않았다. 현재완료진행

# Review

Certainly I can!

시작 ___ 월 ___ 일 ___ : ___
마침 ___ 월 ___ 일 ___ : ___

# **try** – 과거 *tried* – 과거분사 *tried*

☆ 노력하다, 애를 쓰다 (\*try to)

*He **tries** to eat more vegetables.* 그는 채소를 더 많이 먹으려고 애쓴다.

☆ 시험 삼아 해보다, 한번 (시도)해보다 (\*try -ing)

*He **tried** eating more vegetables.* 그는 시험 삼아 채소를 더 먹어 봤다.

★ 우리말 뜻을 참고하여 영어로 표현하세요.

*I've tried* to pass my driving test.

나는 운전 면허 시험에 합격하기 위해 노력했다.

*I haven't tried* to pass my driving test.

나는 운전 면허 시험에 합격하기 위해 노력하지 않았다.

☑ haven't = have not · driving test 운전 면허 시험

**시간** ❶ 나는 운전 면허 시험에 합격하기 위해 노력한다. 현재

❷ 나는 운전 면허 시험에 합격하기 위해 노력하고 있었다. 현재완료진행

❸ 나는 운전 면허 시험에 합격하기 위해 노력했다. 과거

❹ 나는 운전 면허 시험에 합격하기 위해 노력할 것이다. 미래(will)

**부정** ❺ 나는 운전 면허 시험에 합격하기 위해 노력하지 않았다. 과거

❻ 나는 운전 면허 시험에 합격하기 위해 노력하지 않는다. 현재

❼ 나는 운전 면허 시험에 합격하기 위해 노력하지 않을 것이다. 미래(will)

❽ 나는 운전 면허 시험에 합격하기 위해 노력하고 있지 않았다. 현재완료진행

▶ 098

★ 우리말 뜻을 참고하여 영어로 표현하세요.

*He has tried* taking the driving test.

그는 한번 시험 삼아 운전 면허 시험을 쳐봤다.

*Has he tried* taking the driving test?

그는 한번 시험 삼아 운전 면허 시험을 쳐봤니?

일치 ❶ 그녀는 한번 시험 삼아 운전 면허 시험을 쳐봤다. She

❷ 그들은 한번 시험 삼아 운전 면허 시험을 쳐봤다. They

❸ 그의 누나는 한번 시험 삼아 운전시험을 쳐봤다. His sister ✕✕

❹ 그녀의 오빠는 한번 시험 삼아 운전 면허 시험을 쳐봤다. Her brother

의문 ❺ 그녀의 오빠는 한번 시험 삼아 운전 면허 시험을 쳐봤니? her brother

❻ 그들은 한번 시험 삼아 운전 면허 시험을 쳐봤니? they

❼ 그의 누나는 한번 시험 삼아 운전 면허 시험을 쳐봤니? his sister

❽ 그녀는 한번 시험 삼아 운전 면허 시험을 쳐봤니? she

★ 우리말 뜻을 참고하여 영어로 표현하세요.

# I tried to open the *door.*
나는 문을 열려고 애썼다.

# I didn't try to open the *door.*
나는 문을 열려고 애쓰지 않았다.

**응용** ❶ 나는 상자를 열려고 애썼다. box

❷ 나는 파일을 열려고 애썼다. file

❸ 나는 서랍을 열려고 애썼다. drawer

❹ 나는 책상 서랍을 열려고 애썼다. desk drawer

**부정** ❺ 나는 파일을 열려고 애쓰지 않았다. file

❻ 나는 서랍을 열려고 애쓰지 않았다. drawer

❼ 나는 책상 서랍을 열려고 애쓰지 않았다. desk drawer

❽ 나는 상자를 열려고 애쓰지 않았다. box

★ 우리말 뜻을 참고하여 영어로 표현하세요.

***They are trying**** to do their best.*
그들은 최선을 다하려고 노력하고 있다.

***Are they trying**** to do their best?*
그들은 최선을 다하려고 노력하고 있니?

☑ do one's best 최선을 다하다

시간 ❶ 그들은 최선을 다하려고 노력한다. 현재

❷ 그들은 최선을 다하려고 노력하였다. 과거

❸ 그들은 최선을 다하려고 노력하였다. 현재완료

❹ 그들은 최선을 다하려고 노력할 것이다. 미래(will)

의문 ❺ 그들은 최선을 다하려고 노력하니? 현재

❻ 그들은 최선을 다하려고 노력하였니? 현재완료

❼ 그들은 최선을 다하려고 노력하였니? 과거

❽ 그들은 최선을 다하려고 노력할 것이니? 미래(will)

⭐ 우리말 뜻을 참고하여 영어로 표현하세요.

*I've tried* keeping a diary.

나는 일기를 쓰려고 시도해 보았다.

*I haven't tried* keeping a diary.

나는 일기를 쓰려고 시도해 보지 않았다.

☑ keep a diary 일기를 쓰다

**일치** ❶ 그는 일기를 쓰려고 시도해 보았다. He

❷ 그녀는 일기를 쓰려고 시도해 보았다. She

❸ 스티브는 일기를 쓰려고 시도해 보았다. Steve

❹ 내 친구들은 일기를 쓰려고 시도해 보았다. My friends

**부정** ❺ 스티브는 일기를 쓰려고 시도해 보지 않았다. Steve

❻ 그녀는 일기를 쓰려고 시도해 보지 않았다. She

❼ 그는 일기를 쓰려고 시도해 보지 않았다. He

❽ 내 친구들은 일기를 쓰려고 시도해 보지 않았다. My friends

★ 우리말 뜻을 참고하여 영어로 표현하세요.

# She's tried keeping a diary *several times.*
그녀는 몇 번 일기를 쓰려고 해봤다.

# Has she tried keeping a diary *several times?*
그녀는 몇 번 일기를 쓰려고 해봤니?

☑ several 몇몇의, 몇몇

**응용** ❶ 그녀는 한 번 일기를 쓰려고 해봤다. once

❷ 그녀는 한 번 이상 일기를 쓰려고 해봤다. more than once

❸ 그녀는 두 번 일기를 쓰려고 해봤다. twice

❹ 그녀는 여러 번 일기를 쓰려고 해봤다. many times

**의문** ❺ 그녀는 여러 번 일기를 쓰려고 해봤니? many times

❻ 그녀는 한 번 일기를 쓰려고 해봤니? once

❼ 그녀는 한 번 이상 일기를 쓰려고 해봤니? more than once

❽ 그녀는 두 번 일기를 쓰려고 해봤니? twice

# Review

**097 - 102** 그림을 보고 영어로 말해 보세요.

097

098

099

100

101

102

# Listen

*Certainly I can!*

시작 　　　 월 　　　 일 　　　 ：

마침 　　　 월 　　　 일 　　　 ：

# **listen** - 과거 *listened* - 과거분사 *listened*

☆ (귀 기울여) 듣다

*They are* **listening** *carefully.* 그들은 주의해서 듣고 있다.

☆ …을 듣다, …의 말을 듣다 (* listen to)

*I* **listened** *to the song.* 나는 그 노래를 들었다.

*I listened the song.* (✗)

*He will* **listen** *to his parents.* 그는 부모님 말씀을 들을 것이다.

(※ listen 뒤에 목적어가 올 때는 to를 목적어 앞에 붙여요.)

**Tip** listen과 hear는 같은 뜻인가요?

둘 다 '…을 듣다'로 해석되지만 의미가 달라요. hear는 가만히 있어도 듣게 되는 것을 말하고, listen은 귀를 기울여 듣는 것을 말해요. 그리고 listen은 to와 함께 「listen to+소리」의 형태로 주로 쓰여요.

★ 우리말 뜻을 참고하여 영어로 표현하세요.

*I listen* to music.
나는 음악을 듣는다.

*I don't listen* to music.
나는 음악을 듣지 않는다.

**시간** ❶ 나는 음악을 들었다. 과거

❷ 나는 음악을 듣고 있었다. 과거진행

❸ 나는 음악을 들을 것이다. 미래(be going to)

❹ 나는 음악을 듣고 있다. 현재진행

**부정** ❺ 나는 음악을 듣지 않았다. 과거

❻ 나는 음악을 듣지 않을 것이다. 미래(be going to)

❼ 나는 음악을 듣고 있지 않다. 현재진행

❽ 나는 음악을 듣고 있지 않았다. 과거진행

★ 우리말 뜻을 참고하여 영어로 표현하세요.

# She listens to *hip-hop* music sometimes.
그녀는 때때로 힙합 음악을 듣는다.

# Does she listen to *hip-hop* music sometimes?
그녀는 때때로 힙합 음악을 듣니?

**응용** ❶ 그녀는 때때로 발라드 음악을 듣는다. ballad

❷ 그녀는 때때로 클래식 음악을 듣는다. classical

❸ 그녀는 때때로 슬픈 음악을 듣는다. sad

❹ 그녀는 때때로 경쾌한 음악을 듣는다. upbeat

**의문** ❺ 그녀는 때때로 슬픈 음악을 듣니? sad

❻ 그녀는 때때로 경쾌한 음악을 듣니? upbeat

❼ 그녀는 때때로 발라드 음악을 듣니? ballad

❽ 그녀는 때때로 클래식 음악을 듣니? classical

★ 우리말 뜻을 참고하여 영어로 표현하세요.

*I was listening* to the radio.
나는 라디오를 듣고 있었다.

*I wasn't listening* to the radio.
나는 라디오를 듣고 있지 않았다.

**시간** ❶ 나는 라디오를 들었다. 과거

❷ 나는 라디오를 듣고 있다. 현재진행

❸ 나는 라디오를 들을 것이다. 미래(be going to)

❹ 나는 라디오를 들었다. 현재완료

**부정** ❺ 나는 라디오를 듣지 않을 것이다. 미래(be going to)

❻ 나는 라디오를 듣지 않았다. 현재완료

❼ 나는 라디오를 듣지 않았다. 과거

❽ 나는 라디오를 듣고 있지 않다. 현재진행

★ 우리말 뜻을 참고하여 영어로 표현하세요.

# *He has been listening* to classical music.

그는 클래식 음악을 듣고 있었다.

# *He has not been listening* to classical music.

그는 클래식 음악을 듣고 있지 않았다.

☑ classical music 클래식 음악 (classic music이 아니에요.)

**일치** ❶ 우리 어머니는 클래식 음악을 듣고 계셨다. My mother

❷ 우리 부모님은 클래식 음악을 듣고 계셨다. My parents

❸ 그녀의 오빠는 클래식 음악을 듣고 있었다. Her brother

❹ 그들은 클래식 음악을 듣고 있었다. They

**부정** ❺ 우리 부모님은 클래식 음악을 듣고 있지 않으셨다. My parents

❻ 우리 어머니는 클래식 음악을 듣고 있지 않으셨다. My mother

❼ 그들은 클래식 음악을 듣고 있지 않았다. They

❽ 그녀의 오빠는 클래식 음악을 듣고 있지 않았다. Her brother

⭐ 우리말 뜻을 참고하여 영어로 표현하세요.

## She has been listening to classical music all *day.*

그녀는 하루 종일 클래식 음악을 듣고 있었다.

## Has she been listening to classical music all *day?*

그녀는 하루 종일 클래식 음악을 듣고 있었니?

☑ 「all+단수 시간 명사」 … 내내

**응용** ① 그녀는 아침 내내 클래식 음악을 듣고 있었다. morning

② 그녀는 오후 내내 클래식 음악을 듣고 있었다. afternoon

③ 그녀는 저녁 내내 클래식 음악을 듣고 있었다. evening

④ 그녀는 밤새 클래식 음악을 듣고 있었다. night

**의문** ⑤ 그녀는 아침 내내 클래식 음악을 듣고 있었니? morning

⑥ 그녀는 밤새 클래식 음악을 듣고 있었니? night

⑦ 그녀는 오후 내내 클래식 음악을 듣고 있었니? afternoon

⑧ 그녀는 저녁 내내 클래식 음악을 듣고 있었니? evening

★ 우리말 뜻을 참고하여 영어로 표현하세요.

## *The kids are listening* to the teacher.
아이들이 선생님 말씀을 듣고 있다.

## *Are the kids listening* to the teacher?
아이들이 선생님 말씀을 듣고 있니?

**시간** ❶ 아이들이 선생님 말씀을 듣고 있었다. 과거진행

❷ 아이들이 선생님 말씀을 들었다. 현재완료

❸ 아이들이 선생님 말씀을 들었다. 과거

❹ 아이들이 선생님 말씀을 듣는다. 현재

**의문** ❺ 아이들이 선생님 말씀을 들었니? 과거

❻ 아이들이 선생님 말씀을 듣고 있었니? 과거진행

❼ 아이들이 선생님 말씀을 들었니? 현재완료

❽ 아이들이 선생님 말씀을 듣니? 현재

# Review

**103-108** 그림을 보고 영어로 말해 보세요.

belong

Certainly I can!

시작 [ ] 월 [ ] 일 [ ] :
마침 [ ] 월 [ ] 일 [ ] :

# **belong** - 과거 *belonged* - 과거분사 *belonged*

☆ 제자리[알맞은 위치]에 있다

*This cup **belongs** on the shelf.* 이 컵은 선반에 위치한다.
*Where do these cups **belong**?* 이 컵들은 어디에 두나요?

☆ ~의 것이다, ~에 속하다 (*belong to)

*This backpack **belongs** to me.* 이 배낭은 내 것이다.
*She **belongs** to the choir.* 그녀는 합창단원이다.

★ 우리말 뜻을 참고하여 영어로 표현하세요.

# This laptop belongs to *me.*
이 노트북컴퓨터는 내 것이다.

# This laptop doesn't belong to *me.*
이 노트북컴퓨터는 내 것이 아니다.

응용 ❶ 이 노트북컴퓨터는 우리 누나 것이다. my sister

❷ 이 노트북컴퓨터는 소피아 것이다. Sophia

❸ 이 노트북컴퓨터는 우리 소피아 누나 것이다. my sister Sophia

❹ 이 노트북컴퓨터는 그녀의 것이다. her

부정 ❺ 이 노트북컴퓨터는 소피아 것이 아니다. Sophia

❻ 이 노트북컴퓨터는 우리 소피아 누나 것이 아니다. my sister Sophia

❼ 이 노트북컴퓨터는 우리 누나 것이 아니다. my sister

❽ 이 노트북컴퓨터는 그녀의 것이 아니다. her

★ 우리말 뜻을 참고하여 영어로 표현하세요.

***That iPad*** belongs to him.

그 아이패드는 그의 것이다.

***Does that iPad*** belong to him?

그 아이패드는 그의 것이니?

**응용** ❶ 이 아이패드는 그의 것이다. This iPad

❷ 이 휴대전화기는 그의 것이다. This cellphone

❸ 그 휴대전화기는 그의 것이다. That cellphone

❹ 그 흰색 아이패드는 그의 것이다. That white iPad

**의문** ❺ 이 휴대전화기는 그의 것이니? this cellphone

❻ 이 아이패드는 그의 것이니? this iPad

❼ 그 흰색 아이패드는 그의 것이니? that white iPad

❽ 그 휴대전화기는 그의 것이니? that cellphone

★ 우리말 뜻을 참고하여 영어로 표현하세요.

*I **belonged** to this club.*

나는 이 클럽 소속이었다.

*I **didn't belong** to this club.*

나는 이 클럽 소속이 아니었다.

**일치** ❶ 그는 이 클럽 소속이었다. He

❷ 그와 나는 이 클럽 소속이었다. He and I

❸ 우리는 이 클럽 소속이었다. We

❹ 다니엘은 이 클럽 소속이었다. Daniel

**부정** ❺ 우리는 이 클럽 소속이 아니었다. We

❻ 다니엘은 이 클럽 소속이 아니었다. Daniel

❼ 그는 이 클럽 소속이 아니었다. He

❽ 그와 나는 이 클럽 소속이 아니었다. He and I

★ 우리말 뜻을 참고하여 영어로 표현하세요.

# She belonged to this club for *a year.*

그녀는 일 년 동안 이 클럽 소속이었다.

# Did she belong to this club for *a year?*

그녀는 일 년 동안 이 클럽 소속이었니?

**응용** ❶ 그녀는 두 달 동안 이 클럽 소속이었다. two months

❷ 그녀는 몇 달 동안 이 클럽 소속이었다. a few months

❸ 그녀는 삼 년 동안 이 클럽 소속이었다. three years

❹ 나는 몇 년 동안 이 클럽 소속이었다. a few years

**의문** ❺ 그녀는 삼 년 동안 이 클럽 소속이었니? three years

❻ 그녀는 두 달 동안 이 클럽 소속이었니? two months

❼ 그녀는 몇 달 동안 이 클럽 소속이었니? a few months

❽ 그녀는 몇 년 동안 이 클럽 소속이었니? a few years

★ 우리말 뜻을 참고하여 영어로 표현하세요.

**This book belongs** to the library.
이 책은 도서관의 것이다.

**This book doesn't belong**
to the library.
이 책은 도서관의 것이 아니다.

**일치** ❶ 이 책들은 도서관의 것이다. These books

❷ 이 두 권의 책은 도서관의 것이다. These two books

❸ 그 잡지는 도서관의 것이다. That magazine

❹ 그 잡지들은 도서관의 것이다. Those magazines

**부정** ❺ 이 책들은 도서관의 것이 아니다. These books

❻ 그 잡지는 도서관의 것이 아니다. That magazine

❼ 그 잡지들은 도서관의 것이 아니다. Those magazines

❽ 이 두 권의 책은 도서관의 것이 아니다. These two books

★ 우리말 뜻을 참고하여 영어로 표현하세요.

# *Hawaii* belongs to America.
하와이는 미국에 속한다.

# *Does Hawaii* belong to America?
하와이는 미국에 속하니?

응용 ❶ 알래스카는 미국에 속한다. Alaska

❷ 괌은 미국에 속한다. Guam

❸ 캘리포니아는 미국에 속한다. California

❹ 텍사스는 미국에 속한다. Texas

의문 ❺ 캘리포니아는 미국에 속하니? California

❻ 텍사스는 미국에 속하니? Texas

❼ 알래스카는 미국에 속하니? Alaska

❽ 괌은 미국에 속하니? Guam

# Review

**109-114** 그림을 보고 영어로 말해 보세요.

SOCCER CLUB

SOCCER CLUB

2014 ~ 2015

NOVEL

K-LIBRARY

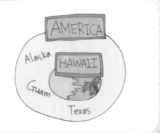

AMERICA

Alaska

HAWAII

Guam

Texas

Certainly I can!

# agree - 과거 *agreed* - 과거분사 *agreed*

☆ 동의하다 (*agree with)

*I* **agree** *with his idea.* 나는 그의 생각에 동의한다.

☆ 의견이 일치하다 (*agree on)

*We all* **agreed** *on this.* 우리 모두 이것에 의견이 일치했다.

☆ …하는 것을 찬성하다; 승낙하다 (*agree to + 동사원형)

*Mom* **agreed** *to let me go on a field trip.*
엄마는 내가 견학 가는 것을 승낙했다.

☆ 우리말 뜻을 참고하여 영어로 표현하세요.

*I agreed* with the decision.

나는 그 결정에 동의했다.

*I didn't agree* with the decision.

나는 그 결정에 동의하지 않았다.

**일치** ❶ 그녀는 그 결정에 동의했다. She

❷ 그들은 그 결정에 동의했다. They

❸ 우리 가족은 그 결정에 동의했다. My family

❹ 그녀의 부모님은 그 결정에 동의했다. Her parents

**부정** ❺ 우리 가족은 그 결정에 동의하지 않았다. My family

❻ 그녀의 부모님은 그 결정에 동의하지 않았다. Her parents

❼ 그녀는 그 결정에 동의하지 않았다. She

❽ 그들은 그 결정에 동의하지 않았다. They

★ 우리말 뜻을 참고하여 영어로 표현하세요.

# I agree with *you.*
나는 당신과 같은 생각이다.

# I don't agree with *you.*
나는 당신과 같은 생각이 아니다.

**응용** ❶ 나는 그와 같은 생각이다. him

❷ 나는 그녀와 같은 생각이다. her

❸ 나는 그들과 같은 생각이다. them

❹ 나는 스티브와 같은 생각이다. Steve

**부정** ❺ 나는 그녀와 같은 생각이 아니다. her

❻ 나는 그와 같은 생각이 아니다. him

❼ 나는 그들과 같은 생각이 아니다. them

❽ 나는 스티브와 같은 생각이 아니다. Steve

⭐ 우리말 뜻을 참고하여 영어로 표현하세요.

## *She agrees* with you on that.
그녀는 그것에 관해 너와 같은 생각이다.

## *Does she agree* with you on that?
그녀는 그것에 관해 너와 같은 생각이니?

✅ 「agree with+사람 목적어+on ~」 …에 관해 누구와 같은 생각이다

**일치** ❶ 에밀리는 그것에 관해 너와 같은 생각이다. Emily

❷ 에밀리와 그녀의 언니는 그것에 관해 너와 같은 생각이다. Emily and her sister

❸ 그들은 그것에 관해 너와 같은 생각이다. They

❹ 그는 그것에 관해 너와 같은 생각이다. He

**의문** ❺ 에밀리와 그녀의 언니는 그것에 관해 너와 같은 생각이니? Emily and her sister

❻ 그들은 그것에 관해 너와 같은 생각이니? they

❼ 에밀리는 그것에 관해 너와 같은 생각이니? Emily

❽ 그는 그것에 관해 너와 같은 생각이니? he

★ 우리말 뜻을 참고하여 영어로 표현하세요.

# I agree with my *friends.*
나는 내 친구들과 같은 생각이다.

# I don't agree with my *friends.*
나는 내 친구들과 같은 생각이 아니다.

**응용** ❶ 나는 내 친구와 같은 생각이다. friend

❷ 나는 내 친구 케빈과 같은 생각이다. friend Kevin

❸ 나는 우리 부모님과 같은 생각이다. parents

❹ 나는 우리 선생님과 같은 생각이다. teacher

**부정** ❺ 나는 우리 부모님과 같은 생각이 아니다. parents

❻ 나는 내 친구와 같은 생각이 아니다. friend

❼ 나는 내 친구 케빈과 같은 생각이 아니다. friend Kevin

❽ 나는 우리 선생님과 같은 생각이 아니다. teacher

★ 우리말 뜻을 참고하여 영어로 표현하세요.

# I agree with his *idea.*
나는 그의 생각에 동의한다.

# I don't agree with his *idea.*
나는 그의 생각에 동의하지 않는다.

**응용** ❶ 나는 그의 계획에 동의한다. plan

❷ 나는 그의 의견에 동의한다. opinion

❸ 나는 그의 결정에 동의한다. decision

❹ 나는 그의 방법에 동의한다. method

**부정** ❺ 나는 그의 의견에 동의하지 않는다. opinion

❻ 나는 그의 결정에 동의하지 않는다. decision

❼ 나는 그의 방법에 동의하지 않는다. method

❽ 나는 그의 계획에 동의하지 않는다. plan

★ 우리말 뜻을 참고하여 영어로 표현하세요.

***Jenny*** totally ***agrees*** with his idea.
제니는 그의 생각에 완전히 동의한다.

***Does Jenny*** totally ***agree*** with his idea?
제니는 그의 생각에 완전히 동의하니?

**일치** ❶ 그의 친구들은 그의 생각에 완전히 동의한다. His friends

❷ 한나는 그의 생각에 완전히 동의한다. Hannah

❸ 그들은 그의 생각에 완전히 동의한다. They

❹ 그의 친구는 그의 생각에 완전히 동의한다. His friend

**의문** ❺ 그의 친구들은 그의 생각에 완전히 동의하니? his friends

❻ 그의 친구는 그의 생각에 완전히 동의하니? his friend

❼ 한나는 그의 생각에 완전히 동의하니? Hannah

❽ 그들은 그의 생각에 완전히 동의하니? they

# Review

Certainly I can!